NAOMI

une vie de femme en terre créole

Isabelle Morel

Éditeur :

FORMAT 24x36 * 47000 Agen / France

Communication : format24x36@gmail.com

ISBN 13 : 978-2-918933-06-9

Dépôt légal : 02/2017

Auteur : Isabelle Morel

Communication : format24x36@gmail.com

Isabelle Morel

NAOMI

une vie de femme

en terre créole

Roman

TABLE

CHAPITRE I
Saint - Hippolyte

෴

L e point rouge d'un cigare apparu entre les palmes, sembla soudain s'immobiliser, petit fanal dérisoire à la proue de la maison paisible ancrée pour la nuit au milieu d'une mer de cannes. Au pied du double perron de pierre blanche menant à la varangue, tapi dans l'ombre des bougainvillées aux branches ployées de fleurs, Florentin, la tête renversée en arrière, suspendait son regard et son cœur à cette nouvelle étoile de la nuit tropicale. Les aspirations du fumeur, à intervalles réguliers ranimaient le rouge étouffé du cigare, et le jeune esclave guettant l'une après l'autre, priait Dieu que cet astre nouveau et qui semblait vivant, continuât toujours de luire sur sa destinée. Soudain l'âme de Florentin chavira dans son cœur, l'univers entier bascula dans le vide de la peur : Après une lumineuse traînée comme en dessinent par les nuits d'été les étoiles filantes, Florentin venait d'apercevoir l'objet brillant de ses rêves, tomber à ses pieds avec un léger heurt résigné de chute d'un ange.

Au même instant, le bruit d'un galop rapide écrasant les graviers de l'avenue fit d'un identique mouvement se retourner le garçon noir et le fumeur invisible. D'un bond

Florentin se dressa sur ses pieds nus et attrapa au vol les rênes que lui jetait déjà le cavalier sautant à terre.

- Est-ce toi, Naomi ? fit une voix dans l'ombre de la varangue.

Mais Naomi, troussant à pleines mains ses jupes d'amazone, courait déjà sous l'aile droite de la véranda et n'entendit pas la voix basse de son père qui écouta décroître le martellement des petits talons sur le dallage et se détourna en soupirant. Alors Florentin, à la place de sa maîtresse répondit :

- Bien sû' Missié, voilà Mam'zelle Naomi qui 'ent'e pou' le souper.

Et il entraîna la jument vers les écuries afin de la panser.

Cependant depuis plus d'une heure attendaient dans la chambre de Naomi, sa Nénie, Pulchérie, et les deux négresses jumelles chargées de coiffer et d'habiller leur jeune maîtresse. C'était une grande salle ouvrant, comme toutes les pièces de cette maison créole, sur la varangue qui en faisait le tour. Sur le vaste plancher de palissandre, nu et brillant comme un miroir, les trois femmes s'étaient assises sur leurs talons et chantonnaient vaguement en attendant leur maîtresse. Dans un angle de la muraille opposée aux deux porte-fenêtre, un lit bas, en bois d'acajou, abritait ses courbes désuètes derrière les rideaux de tulle d'une moustiquaire soigneusement close. On avait ouvert déjà cette couche pour la nuit et la flamme dansante d'une veilleuse de porcelaine, placée au chevet du lit, renvoyait sur les murs blancs et nus les ombres démesurées des oreillers ventrus chargés de dentelles.

A l'autre extrémité de la pièce, les flammes dorées des bougies brandies par deux hauts candélabres se reflétaient dans un miroir ovale, encadré d'argent et posé sur une coiffeuse chargée de brosses et de peignes d'ivoire, de flacons, de boites et de coupes de cristal. Les caprices d'une légère brise pénétrant dans la pièce par les fenêtres grand 'ouvertes, en obligeant les flammes tour à tour à bondir, se tordre ou s'évanouir, semblaient donner une vie palpitante à chaque objet de cette chambre et allumaient sur les cristaux de la coiffeuse des cascades d'étincelles d'or.

Deux fauteuils aux membres d'acajou recourbés et un lit de repos du même style complétaient l'ameublement de cette chambre. A cette heure, ils disparaissaient presque entièrement sous un amoncellement de lingerie et les bras des fauteuils n'arrivaient pas à contenir l'exubérant foisonnement des volants, des linons plissés et des dentelles dont ils étaient chargés.

Par instants, la lueur mouvante des bougies accrochait un reflet rouge dans le coin le plus sombre de la pièce, faisant luire une seconde les cercles de cuivre qui entouraient un vaste bassin de bois sombre. Deux forts esclaves avaient apporté là cette baignoire à demi remplie d'une eau tiédie au plein soleil de la journée pour le bain de Naomi. En l'attendant, cette eau achevait de se parfumer des senteurs de ses fleurs favorites dont les pétales, encore intactes, flottaient mollement à la surface. Toutes les cinq minutes, Nénie se levait lourdement, écartait de la main le rideau flottant et parfumé des corolles de frangipaniers, de lilas de Perse et de jasmins. Elle plongeait un instant sa main dans l'eau et poussait une plainte sur l'incompréhensible retard de Naomi pendant lequel froidissait l'eau du bain.

- Cathé'ine, pa'esseuse, lève-toi vite, va demander enco'e un pichet d'eau chaude au cuisinier. L'bain de mam'selle Naomi, il f'oidit t'op.

Comme elle répétait une fois encore cette injonction, on entendit sous la varangue le claquement pressé des talons de Naomi qui arrivait un peu haletante au seuil de sa chambre. D'un seul coup d'œil, elle vit les orages amassés sous le front noir de Nénie qui, dans un instant, éclateraient en véhéments reproches. Naomi connaissait cette verve, intarissable quand il s'agissait de stigmatiser l'incroyable liberté dont elle jouissait de faire de si longues expéditions à cheval, à des heures parfois indues et sans autre chaperon qu'un vieil esclave, José, qui la suivait tant bien que mal sur sa mule. La mule toute blanche et presque aussi vieille que José, se laissait toujours distancer par l'alerte jument de Naomi. Cependant, celle-ci, parvenue au but de sa promenade, savait que le vieux José arriverait un quart d'heure plus tard, raide et digne, portant derrière lui un petit coffre où se trouvait, pour Naomi, du linge et une robe de mousseline fraîche. Monsieur de la Source, cavalier passionné, avait élevé sa fille dans l'amour du cheval et encourageait, de tout son pouvoir, le goût de Naomi pour l'équitation, persuadé qu'il combattait ainsi le penchant à l'indolence que développait si remarquablement le climat tropical joint à la servilité des esclaves nombreux. Mais on jugeait en général sévèrement Monsieur de la Source car cette façon de voyager était réservée aux hommes. Il n'y avait pas, à cette époque, une seule dame dans l'île qui ne préférât le langoureux palanquin ou manchil à ce mode de locomotion héroïque. Et Nénie ne se consolait pas de voir Naomi se comporter autrement que les dames de son rang.

Aussi, afin de prévenir les remontrances habituelles, Naomi entreprit-elle de noyer, sous un flot de paroles, l'éloquence grondeuse de sa Nénie et, sans lui laisser le temps d'ouvrir la bouche, s'écria :

- Vite, vite, Nénie, je suis très en retard et il faut m'habiller pour le souper ! Enlevez ma jupe, déplacez-moi, vite, vite...

Et tandis qu'elle continuait de parler à voix haute et sans interruption, mêlant à ses exhortations multipliées mille remarques puériles sur la toilette qu'elle quittait ou celle qu'il fallait revêtir, Nénie remettait son sermon à une occasion plus favorable et, tout en grommelant au sujet de cette « *ho''ible odeu' d'écu'ie et de c'ottin de cheval* » se mettait au devoir de dégrafer un à un les innombrables petits crochets qui, sous une garniture de velours gris bleu comme la jupe, fermaient le corsage de fin piqué blanc. Sous la basquette relevée, Catherine saisit le lacet qui retenait la jupe, tira et, brusquement libérée à la fois de cette lourde masse et du corsage aux manches ouvertes sur des flots de baptiste, Naomi parut, mince et longue,les cuisses serrées dans la culotte de peau de son costume d'amazone, les épaules et les bras nus émergeant des dentelles chiffonnées de la chemise. D'un bond elle enjamba les vêtements tombés à terre et se tint au milieu de la chambre où les trois négresses la suivirent. Thérèse et Catherine, munies de petits crochets, entreprirent de la débarrasser des bottines cependant que Nénie délaçait dans le dos le pantalon de fine basane. Enfin elle arracha la chemise et Naomi nue, se tourna vers le bassin d'eau odorante et, frissonnant de plaisir, pénétra dans son bain.

Ce bain de Naomi, qu'elle prenait chaque soir, finissait par avoir le prestige d'un culte dont tous les rites, savamment réglés, étaient quotidiennement servis par les mêmes prêtresses noires. Munie d'une cruche de faïence bleue, Thérèse, sans arrêt, puisait de l'eau dans le bassin et la versait lentement sur les épaules, les bras, le dos ou le ventre de Naomi qui aurait volontiers prolongé à plaisir ce jeu qui, par tout le corps, faisait passer des frissons légers. Mais Nénie, armée des savons, des éponges, des brosses aux longs manches d'ivoire, des parfums et des baumes que tour à tour lui tendait Catherine, frottait, brossait, ponçait, polissait, enduisait d'onguent et de lotions ce jeune corps pour lequel Catherine devait encore donner dix serviettes fines avant qu'il fut jugé convenablement séché et digne d'être à nouveau paré.

Le parfum des pétales maintenant écrasés et meurtris, se faisait plus fort et remplissait la chambre d'une vapeur lourde, presque triste. Naomi, sortie de l'eau, se penchait sur le bassin et ramena entre ses doigts quelques corolles qu'elle achevait de détruire entre ses paumes... Alors commençait une autre cérémonie, celle de l'habillage.

Avec un regard inquiet sur le grand Christ espagnol dont l'ivoire jaunissait au-dessus du lit dans un cadre de velours et d'or, Nénie se hâtait d'ensacher Naomi dans la fraîcheur d'une chemise de linon et de valenciennes et n'était enfin soulagée qu'en serrant le dernier lacet du petit pantalon aux longues jambes pudiques. C'était alors le plus souvent une longue discussion entre Nénie, naguère encore toute puissante, et Naomi dont les volontés en matière d'élégance devenaient d'une précision dangereuse pour l'autorité de la vieille négresse. Mais ce soir, le temps n'était pas aux querelles et Naomi laissa, de bonne grâce, emprisonner sa jambe sous un bas de soie à petits jours et son pied menu dans un escarpin de satin dont les rubans, croisés savamment sur la jambe, allaient finalement se nouer sur la rondeur d'un mollet parfait.

Ensuite, les bras levés, Naomi disparut puis émergea trois fois des trois jupons festonnés et empesés qu'il convenait de superposer pour qu'une robe gonflât comme il fallait. Alors, avec d'infinies précautions, tendant à bout de bras au-dessus de leurs têtes les trois volants d'une corolle jaune citron, Catherine et Thérèse, juchées sur la pointe de leurs pieds nus, emprisonnèrent les falbalas mousseux des jupons sous la cage d'une large jupe de barège de soie jaune. Et la taille de Naomi était si fine, malgré les épaisseurs de lingerie qu'on y venait de nouer, que Nénie n'eut pas de peine à agrafer le petit corsage armé de fines baleines de plumes. Ce corsage laissait nus les bras et les minces épaules de la jeune fille et s'ornait d'une berthe châle croisant sur la poitrine qui venait se nouer par derrière la ceinture. Un effilé de soie blanche, posé au bord de la berthe et de chacun des volants de la jupe, constituait le seul ornement de cette robe simple et légère.

Cependant, Naomi, pivotant à chaque pas sur ses talons et imprimant par jeu un mouvement dansant aux larges volants de sa jupe, se dirigeait vers la table à coiffer et s'asseyait sur un petit tabouret, prêtant sagement sa tête aux mains noires et expertes de Thérèse. Celle-ci dénouait en un tournemain le lourd chignon bas et les longs cheveux de Naomi, brusquement libérés, couvraient d'une chape soyeuse sa nuque, ses épaules et son dos nus. Thérèse saisissait la brosse d'ivoire et sa maîtresse, pour supporter avec moins de peine le supplice du brossage, tenait ses deux mains serrées sur les oreilles et les tempes, précaution sans laquelle il lui semblait que Thérèse emporterait, avec les cheveux arrachés, toute la peau de son crâne endolori. Enfin le martyr cessait et Thérèse, armée d'un peigne, divisait par des raies savantes l'épaisse chevelure confiée à ses soins et, sans un mot, élaborait son chef d'œuvre. Deux bandeaux, lissés avec soins, encadraient comme d'un velours noir l'ivoire précieux du visage. Une masse de cheveux, légèrement gonflés en hauteur, auréolait la tête comme d'un diadème sombre dans lequel Thérèse, habilement, piquait alors une à une, comme une couronne d'étoiles, quelques fleurs de frangipanier qui prêteraient, pour une soirée, leur grâce à la chevelure de la jeune créole.

Mais des bruits de voix, des roulements de voiture, des portes battantes, avaient indiqué à Naomi que les invités de son père étaient déjà arrivés et qu'il l'attendait dans le grand salon pour faire à ses hôtes les honneurs d'une maison dont elle était maintenant la seule maîtresse. Aussi, échappant aux mains de Thérèse qui voulait épingler une dernière boucle, aux mains de Nénie impatiente de faire bouffer davantage les plis d'un volant, s'esquivant à l'adoration muette de

Catherine qui tournait autour d'elle en roulant des yeux émerveillés, Naomi s'élança hors de la chambre aussi vite que lui permettait l'ampleur encombrante de ses jupes. Elle descendit l'escalier de bois ciré et, traversant le vestibule, se dirigea vers le salon, par l'extérieur, en passant sous la varangue. Et là, avant d'entrer, elle se tint dans l'ombre un instant, regardant à travers les grands rideaux de tulle et savourant la scène à laquelle, encore étrangère, elle allait s'intégrer dès qu'elle aurait paru. Le grand salon qui, en plein jour, paraissait peut-être un peu trop sévère avec ses murs presque nus, ses meubles aux lignes sobres, des meubles d'un empire rigide qu'adoucissait à peine une vieille soie rayée aux tons passés de vert et de Naomi, ce salon un peu solennel où, par les après-midi brûlantes, Naomi se glissait furtivement pour savourer la fraîcheur qui se maintenait dans l'ombre des jalousies de bois soigneusement tirées, ce même salon, ce soir, semblait vivant et animé comme une pièce familière. Sans doute était-ce par la grâce des cent bougies qui brûlaient doucement dans les candélabres d'argent, les appliques et parmi les pendeloques irisées d'un lustre de cristal, sans doute était-ce par la grâce des énormes bouquets de camélias, de Sandrines et de lis mêlés de fougères posés sur les tables, les guéridons et les consoles à côté de larges coupes de cristal où commençaient de mourir les orchidées de la forêt, les azalées et les rhododendrons fragiles unis aux grappes vermeilles des lianes d'aurore, sans doute était-ce par la grâce de toutes ces fleurs et de toutes ces lumières que la pièce avait perdu son mystère un peu froid, un peu triste et hautain des jours ordinaires et semblait inviter aux chants et aux sourires des jours de fête.

Et tous les convives étaient là, Naomi s'en assura d'un seul coup d'œil. Dans le coin du piano à queue, tout au fond, se tenait Monsieur le Chevalier de Parny, fils du célèbre poète, l'inséparable ami de son père, obstinément fidèle aux culottes à la française, au jabot de dentelle et à la coiffure à queue poudrée du siècle dernier. Comme à son habitude, un peu seul, un peu à l'écart, il feuilletait un album d'estampes. Des trois Messieurs qui fumaient de gros cigares dans l'embrasure de la porte-fenêtre du milieu, le plus grand était le gouverneur de l'île, le plus petit le capitaine du « Saint Alban » depuis huit jours ancré devant Saint Paul et le plus jeune son officier en second. Enfin, sous le grand trumeau qui raconte la guerre de Troie et où l'on voit représenté le fameux cheval d'Ulysse sur des roues de bois comme un jouet de Nuremberg, Naomi examinait le groupe formé par son père, Monsieur H. sa femme et leur blonde fille, nouveaux débarqués à Bourbon et en l'honneur de qui Monsieur de la Source offrait ce dîner. Visiblement on attendait Naomi : Les conversations languissaient et les dernières cuillérées des sorbets au limon, que l'on avait servis en l'attendant, achevaient de fondre dans les soucoupes de vermeil.

Alors, d'une main légère, Naomi écarta le rideau de tulle et fut soudain au milieu d'eux, sans bruit, comme une apparition. L'air stupéfait de Madame H. lui donna envie de rire mais elle fit à chacun, fort civilement, sa révérence, réservant

16

la dernière pour le Chevalier de Parny qu'elle aimait bien. Cependant, avant qu'elle ait pu lui dire un mot, César annonçait le dîner d'une voix de stentor, l'œil chargé de reproches... Elle dut accepter le bras que lui offrait galamment Monsieur le Gouverneur pour passer à table.

Celle-ci était dressée dans une longue pièce et somptueusement chargée de linge damassé, de dentelles, de cristaux et d'argenterie étincelante. Derrière chacune des chaises se tenait un serviteur noir vêtu de son éclatante livrée blanche. A travers les rideaux légers qui voletaient aux fenêtres montaient du jardin les effluves embaumés des tubéreuses. Et dans ce cadre se mouvaient avec aisance et sans rien ôter de son charme au tableau, les quelques personnages que nous avons décrit tout à l'heure. Bientôt le tintement délicat des couverts d'argent sur les porcelaines de Sèvres mêla sa note discrète au bruit des conversations. Le Chevalier

tournait, pour les jeunes filles, les plus galants madrigaux et leur faisait observer la poésie et la grâce charmante de l'habitation et de l'île où elles vivaient. Le gouverneur se félicitait de pouvoir enfin annoncer qu'il avait reçu de Pondichéry des dépêches où le Roi lui mandait toute liberté pour l'aménagement des campagnes de pêche aux îles Saint Paul et Amsterdam. Le jeune officier de marine promettait à ces dames de ramener, à chacun de ses voyages, des gravures où elles puissent trouver le sens des modes de France. Madame H. enfin, faisait à tous les convives un récit enthousiaste des merveilles qu'elle avait pu admirer à l'exposition universelle ouverte pour la première fois à Paris,

un Palais de l'Industrie, et qu'elle avait visité avant de s'embarquer sur le « Saint Alban ».

Pendant ce temps, les esclaves, chargés du service, faisaient défiler devant les convives les plats les plus fins, gloire du cuisinier de la plantation. Après le consommé au poulet, on servait des brochettes de ces petits ortolans de l'île que les créoles appellent « pitit z'oiseaux verts » et que les enfants capturent par dizaines sur des bâtons enduits de glu, en faisant avec leur bouche, pour les appeler, un bruit de baiser. Ces oiseaux, aux becs longs et fins, se nourrissent uniquement du suc des fleurs qu'ils butinent sans se poser, ailes écartées et tout vibrants comme d'énormes insectes d'émeraude. Leur chair, pétrie du nectar de toutes les fleurs de la forêt, est la plus exquise qui se puisse rêver. Aux ortolans succédèrent les camarons, énormes crevettes d'eau douce, accommodées en carry et accompagnées d'une infinie variété de chatinis et de rougailles qui sont des sauces destinées à relever le goût du carry, d'achards vivement colorés de safran, de vindailles, de masavarons... tous condiments qui accompagnent une carry créole. Ensuite les cœurs de palmistes bouillis et ruisselants de beurre fondu firent leur apparition et furent salués par la gourmandise des convives car leur chair est plus fine et plus savoureuse que celle de n'importe quel légume. On servit encore d'exquis ragouts de tortue, des cochons de lait confits, des pintades rôties sur des lits de patates douces et d'énormes quartiers de cerf. Puis vinrent les entremets, sorbets et glaces de toutes couleurs accompagnés des pâtisseries les plus fines et les plus variées et enfin, les esclaves apportèrent sur la table, disposés en pyramides sur de légères vanneries, les fruits les plus divers et les plus savoureux que fournissent les jardins de cette île enchantée. Mais après de telles agapes, on dédaigne les fruits et Naomi se leva bientôt sans que nul ait goûté aux avocats douceâtres, aux mangues, aux letchis dont l'écorce velue dissimule la chair la plus blanche et la plus juteuse, aux longanis à la pulpe glacée, aux bilimbis qui resserrent curieusement la langue et le palais, aux sapotiers gonflés de moelle noire, aux mombolos veloutés, aux caramboliers dont l'acidité est aussi succulente que le suc parfumé des bibasses, sans que nul ait goûté aux goyaves de Chine et aux jamSandrines.

Mais tandis que les dames reformaient leur petit groupe au salon, entourant le Chevalier de Parny qui prétendait que son âge lui permettait de ne les point quitter, les hommes sortirent sous la varangue pour fumer de gros cigares en dégustant de petits verres de vin de letchi, liqueur parfumée au goût délicieux de muscat et de Naomi.

Sur la prière du Chevalier, Madame H. s'assit en faisant bouffer autour d'elle ses larges jupes de soie, sur le tabouret d'ébène placé devant le piano. Elle sourit par-dessus l'épaule à ceux qui, derrière elle, déjà, faisaient silence et, dans le geste lent et sûr de ses bras pour soulever le couvercle et débarrasser le clavier d'un petit tapis de satin vert d'eau, se trahissait l'assurance d'une femme encore belle et qui n'a pas renoncé à être jeune. Elle releva ensuite une boucle de cheveux blonds qui tombait sur ses épaules et, tirant une épingle de son chignon, fixa lentement l'indisciplinée à sa place. Enfin elle essaya d'une main quelques accords sans suite avec lesquels il semblait qu'elle demandât à l'instrument dans quel ton il lui convenait de chanter, qu'elle cherchât à accorder l'âme sonore du piano à son âme, à l'atmosphère de la soirée, au grand salon illuminé et aux chants multipliés des crapauds et des engoulevents montant de la campagne par les fenêtres ouvertes. L'accord se fit rapidement entre le grand piano et Madame H. qui interpréta une sonatine de Joseph Haydn avec beaucoup de cœur. Avec un cœur égal, on l'applaudit, et elle joua de bonne grâce ensuite d'autres mélodies de Haydn, une petite gigue de Mozart, puis une pavane de Tolbeque. Mais elle se récria quand on voulut qu'elle continuât et se leva vivement courant à la varangue et demandant qu'on lui nommât tous les insectes qui peuplaient la nuit de leurs stridulations, de leurs grattements, sifflements et grincements.

C'est alors brusquement que l'orage éclata et la pluie se mit à crépiter avec violence sur les bardeaux ou tuiles en bois de latte du toit, sur les marches de pierre blanche du perron, sur le gravier des allées, sur les larges feuilles des palmiers et des pandanus, sur les toits en feuillage de latanier des cases nègres, giflant au passage les bougainvillées de la façade, éclaboussant les habits des Messieurs élégants sous la varangue, faisant choir par centaines les fleurs fragiles des jacarandas et des flamboyants, moissonnant d'un seul coup les dernières fleurs des lilas de Perse, mais nul n'en avait cure et chacun, homme, bête, ou fleur, délivré de l'obsédante chaleur d'une journée d'été tropical, respirait enfin, s'ébrouait, tendait son front et son cœur vers la miséricordieuse fraîcheur de la pluie.

- Ouf ! dit Naomi, je craignais que l'orage n'éclatât point ce soir.

- Y a-t-il donc un orage chaque jour ? demanda Madame H.

- En cette saison, oui Madame, dit le Chevalier, et grâce à cet orage quotidien, nous sommes assurés de goûter chaque soir un peu de fraîcheur et de voir chaque matin les fleurs de nos parterres briller d'un éclat plus vif.

- La pluie a encore un avantage, Chevalier, intervint Naomi en souriant. Celui d'empêcher nos hôtes d'un soir de nous quitter trop rapidement et de nous permettre de les garder plus longtemps auprès de nous. Ainsi Madame, il ne faut pas songer à regagner Saint Paul ce soir et je vais, si vous le voulez bien, vous montrer votre chambre et voir avec vous si vous n'y manquerez de rien.

Madame H. jeta un dernier regard vers les fenêtres où l'on apercevait les zébrures de feu qui, d'instant en instant crevaient l'épaisse coquille noire de la nuit sans étoiles et, se tournant vers sa jeune hôtesse dit en souriant :

- Les mérites et le charme de l'hospitalité créole, célèbres jusqu'en Europe, m'ont été trop vantés pour que je m'inquiète le moins du monde de mon cocher. Je m'en remets à vous ma chère enfant.

- N'ayez aucun souci, Madame, répondit Naomi qui fit à chacun sa révérence et donna son front à baiser au Chevalier et à son père.

Les hommes, à ce signal, vinrent souhaiter une bonne nuit aux jeunes filles et baiser la main de Madame H. Et à la suite de César qui brandissait bien haut un lourd flambeau d'argent, les dames s'engagèrent dans l'escalier qui craquait sous leurs pas. La chambre d'apparat était préparée pour Madame H. et Thérèse l'y attendait afin de l'aider à sa toilette de nuit. Isabelle H. tendit son front pâle à sa mère et referma doucement la porte au loquet de fer. Alors Naomi, seule avec cette jeune fille inconnue mais qui avait son âge, se sentit enfin délivrée de son rôle de maîtresse de maison, redevint la jeune fille insouciante, l'enfant qu'elle était encore. Elle saisit vivement le bras de sa compagne et l'entraîna vers sa chambre.

Prévoyant l'orage qui empêcherait tous les invités de rentrer en ville, Nénie avait tiré des armoires à linge des piles de draps parfumés au vétiver, des oreillers, des châles et garni tous les lits de la maison, attribuant telle chambre à l'un, tel sofa à un autre, selon un protocole obscur qui ne tirait de lois que de son cœur. Ainsi la vieille femme avait-elle décidé que Naomi partagerait sa chambre avec Isabelle qu'on aurait pu aussi bien installer dans le cabinet attenant à la chambre de sa mère. Nénie, qui déplorait chaque jour que Naomi n'aimât point s'entourer de jeunes filles de son âge, espérait vaguement, en provoquant cette « camaraderie » d'un soir, qu'il en naîtrait une amitié.

C'est ainsi que Naomi dut à la ruse et à l'adresse de sa vieille Nénie la seule amie qu'elle devait jamais avoir, et qui, pour l'heure, les yeux grands ouverts dans le noir, racontait les genêts d'or, les landes, les brumes, les étangs tristes et les grands châteaux gris couverts d'ardoises bleues de la Bretagne qu'elle venait de quitter.

CHAPITRE II

Naomi

୬୰୨

Marie, Victoire, Naomi Pajot de la Source, née à Saint Denis le 27 mai 1816, avait 15 ans à l'époque où commence ce récit en janvier 1832. En l'année 1814, Monsieur de la Source, veuf et lassé d'une politique qui décevait ses espérances, avait laissé à ses deux fils les grands biens qu'il possédait dans la plaine de la Garonne entre Agen et Marmande et décidé de s'exiler à Bourbon où il était, depuis dix ans déjà, propriétaire par héritage d'une maison de ville à Saint Denis et d'une concession de plus de mille arpents, allant « du brisant des flots au sommet des montagnes », sise dans l'arrondissement du vent. Sur le bateau qui l'emmenait, il s'éprit de la jeune fille d'un fonctionnaire embarqué sur le même navire pour rejoindre son poste à Pondichéry. Il l'épousa et Naomi naquit deux ans plus tard à Saint Denis, coûtant la vie à sa jeune mère.

Monsieur de la Source quitta alors la maison de Saint Denis et consacra ses forces et son temps à l'aménagement de sa plantation de cannes. Il conserva le vieux commandeur qui l'avait si bien servi jusque-là, mais s'appliqua à surveiller de très près le travail des esclaves, l'amélioration des plants et la mécanisation progressive de l'usine à sucre. Il fit transformer, agrandir et orner la vieille maison inhabitée aux boiseries moisies. Il y transporta tous les meubles de la maison de Saint Denis qu'il vendit, voulant effacer de sa vie jusqu'au dernier vestige de son malheur.

La jeune fille descendait en ce matin de janvier 1832 l'allée des badamiers conduisant de l'habitation, construite au flanc de la montagne, jusqu'à la route royale longeant la mer. Le feuillage épais des arbres coupait d'un double trait sombre l'étendue vert tendre des champs de cannes qui moutonnaient à l'infini à droite et à gauche de cette allée centrale et descendaient des premières pentes de la montagne jusqu'à la route de la mer. Perpendiculairement à l'allée des badamiers s'ouvraient, au milieu des cannes, quatre avenues transversales qui divisaient les champs en quadrilatères presque réguliers et facilitaient, ainsi, le passage des charrettes au moment de la récolte. C'était d'abord l'allée des pandanus, puis l'allée des vacoas aux troncs desquels s'enroule la liane vanille, l'allée des grands cocotiers aux fiers plumets dressés sur le ciel, l'allée des filaos enfin, la dernière, celle qui mène à l'usine à sucre et à la maison du commandeur.

Clarté, la petite jument de Naomi venait cependant d'arriver au premier carrefour, là où s'ouvrait le double rang des pandanus aux larges feuilles étalées en parasol. Elle était d'humeur joyeuse dans ce petit matin calme. Le soleil n'avait pas encore bu toute la fraîcheur épandue par la nuit sur les feuilles vernies des badamiers et sur le sable de l'allée, et quelques gouttes d'argent perlaient encore à la pointe des feuilles souples des cannes. Aussi Clarté montrait-elle son bonheur en descendant la route avec beaucoup d'élégance, posant chaque sabot après une légère hésitation, comme si elle dansait au milieu des tâches de lumière que le jeune soleil multipliait comme un fou à travers l'épais feuillage des arbres. En arrivant aux pandanus, elle s'arrêta un instant ivre de matin et de bien-être, et Naomi, qui éprouvait le même bonheur que sa jument, se retourna à demi en cet instant et, soulevée sur sa selle, salua d'un grand geste du bras la calme façade blanche au noble perron entouré de colonnes qu'elle apercevait encore au fond de l'allée. « *Ma maison* » ! pensa-t-elle avec ravissement, tandis que Clarté, folle de joie, l'enlevait en un trot allongé et rapide. Le cœur de Naomi se gonflait d'une volupté brutale pendant qu'elle descendait l'avenue, agitant la main et souriant aux esclaves occupés à arracher les mauvaises plantes croissant parmi les cannes. A son passage, tour à tour, ils redressaient lentement leurs reins courbés et souriaient de toutes leurs dents éclatantes dans leurs faces d'ébène.

Comme sa jument, Naomi s'enivrait de matin, de fraîcheur, de soleil, du bonheur de se sentir jeune et vivante à l'heure où le vieux monde se sent lui aussi revivre et rajeunir. Son plaisir naissait de l'odeur saine de sa jument, des craquements de la sellerie, du cliquetis du mors, du crissement familier du sable sous les sabots, du mouvement des cannes que faisait onduler un vent léger, des cris et des rires des nombreux esclaves dans l'air matinal, de la couleur adorablement pâle d'un ciel tendu comme la soie d'un décor, de l'effluve salée de la mer dont elle approchait, de l'incroyable légèreté du feuillage d'un filao découpant ses aiguilles sur l'azur et de sentir sous elle sa jument en proie aux même ivresses… En débouchant sur la route qui suit la mer, Naomi ne put s'empêcher de rire tout haut et Clarté coucha en arrière ses deux oreilles, pour mieux entendre l'expression argentine du bonheur. Cependant la jument marchait maintenant sur la route gouvernementale pavée de neuf. Naomi n'était plus sur les terres de son père et, serrant ses doigts sur les rênes, mit Clarté au pas afin de rajuster sa capeline de paille et son voile que le vent de la course avait fait glisser. Elle tira sur sa jupe pour dissimuler une cheville un peu découverte et releva la tête avec satisfaction : « *Là*, pensait-elle, *maintenant je puis aussi bien rencontrer sur la route quelque connaissance. Je dois être présentable aussi belle que soit la matinée.* » Et elle rit encore, se moquant d'elle-même et de cette prétention à l'élégance car l'amazone qu'elle portait était un très vieux costume qui aurait dû être depuis longtemps découpé en petits pantalons pour les négrillons de la plantation si Naomi ne s'y était fermement opposée, refusant de l'abandonner et jurant qu'en aucun autre costume elle n'avait ses aises comme dans celui-là.

Un bruit de sabots sur les pavés de la route la fit se retourner : José arrivait raide et solennel dans la lumière, son grand chapeau de paille enfoncé jusqu'aux yeux, le torse nu, vêtu seulement d'un pantalon de toile blanche aux jambes retroussées sur ses mollets maigres, ses longues jambes pendant lamentablement sur les flancs de la mule qu'il montait sans étriers. Naomi lui fit une petite grimace et mit Clarté au trot sur l'allée cavalière qui longeait la route bordée de buissons de Sandrines sauvages. La vue de José venait de lui rappeler Nénie et la manière dont elle avait essayé, ce matin-là, de l'habiller avec un costume de cheval tout neuf dont la couleur aubergine était particulièrement chère à la vieille femme.

- Naomi, mon z'enfant, mon petit z'enfant-bon-Dieu, mettez-moi ce nouveau costume, vous se'ez la plus belle à Saint-Denis ! Laissez ce vieux déb'is d'amazone pou' les pau'e neg's. C'est pas pou' vous une vieille jupe comme çà. Vous qui aimez tant les belles 'obes, vous qui êtes si coquette pou' le soi' et pou' les visites ! Pou'quoi vous po'tez toujours ce vieux costume pou' la leçon du Jeudi ?

Naomi avait tenu bon, refusé le beau costume neuf dont les emmanchures trop étroites la gênaient, et enfilé avec allégresse la vieille casaque et la jupe bleue. Cependant les paroles de Nénie lui revenaient maintenant en mémoire et elle se demandait avec étonnement quelle part de vérité elles pouvaient contenir.

Il était vrai qu'elle était coquette, que deux immenses armoires regorgeaient de ses robes, que Catherine et Thérèse avaient fort à faire pour empeser, repasser, rucher, tuyauter à longueur de journée les toilettes de mousseline dont elle aimait à changer deux fois par jour. Il était vrai que chaque matin, Figaro, l'esclave cordonnier, venait apporter au seuil de sa chambre une paire de petits souliers nouveaux car elle aimait chaque jour être chaussée de neuf. Il était vrai qu'elle passait quelquefois une après-midi entière, assise devant le miroir ovale de sa coiffeuse à essayer les parures et les bijoux de sa mère, rêvant, un jour où, mariée, il lui serait permis de les porter. Il était vrai encore que les grands dîners de cérémonie, ou les matinées auxquelles on la conviait, les courses, les pique-niques, les bals et toutes les manifestations de l'élégante vie créole la comblaient toujours d'aise, qu'elle s'y montrait habillée à la dernière mode, souriant, jouant de l'éventail et battant des cils avec tout l'art d'une coquette déguisée en ingénue, car avec le lait de leurs Nénies, les petites filles de cette époque suçaient l'essence même de la féminité et apprenaient en sautant sur leurs genoux noirs toutes les ruses, roueries et chatteries dont les femmes, depuis que le monde est monde, aiment à user pour mieux réduire les hommes en esclavage. Il était vrai que Naomi raffolait, par les matinées radieuses, de faire tendre entre les branches basses des jacarandas de la terrasse, un grand hamac rouge orné de mille pompons et s'y prélasser jusqu'à l'heure de midi, occupée seulement à se bercer au balancement du hamac, à guetter le vol d'un cardin écarlate dans les hauts rameaux, à écouter les chants d'oiseaux, le bourdonnement des insectes et le babil familier des esclaves occupés au ménage de la maison. Vrai qu'elle se laissait baigner et parfumer pendant une heure chaque soir, vrai que Thérèse devait inventer toujours de nouvelles coiffures d'après les images reçues de France, vrai que chaque matin elle passait un quart d'heure à tailler, ciseler et polir ses ongles Sandrines... Vrai enfin, il fallait bien le reconnaître, qu'elle donnait au petit monde de l'île le spectacle d'une jeune créole aussi jolie, coquette, frivole et insouciante que n'importe quelle autre jeune fille de son rang et de son âge. Coquette, paresseuse, frivole... Nénie avait raison...

Mais pourtant... Pourtant il y avait une autre Naomi, que peu de gens connaissaient. La Naomi qui justement, ce matin-là, avait refusé le beau costume aubergine et qui suivait maintenant la route bordée de Sandrines, le cœur gonflé de jeune soleil. C'était la Naomi du Jeudi.

Lorsqu'après la mort de sa jeune femme, pour fuir la maison de Saint Denis, théâtre de tant de jours heureux avant cette mort si prématurée, Monsieur de la Source s'était retiré avec sa fille sur sa plantation, l'éducation du bébé ne relevait encore que des compétences de Nénie. Puis l'enfant apprit à lire et à écrire un peu sous la direction de son père. Cependant il fallait songer à parfaire ces rudiments pour orner convenablement l'esprit de Naomi. Depuis 1815 les demoiselles Philibert avaient ouvert à Saint Denis un externat pour jeunes filles. Mais les quatre lieues qui séparaient la plantation de la Capitale étaient une trop longue distance pour que la petite Naomi pût aller chaque jour en suivre les cours. Il aurait fallu résider de nouveau à Saint Denis et Monsieur de la Source ne voulait pas plus en entendre parler que sa fille ne désirait quitter la belle maison blanche au milieu des champs de cannes. Il fut décidé que chaque Jeudi, Naomi se rendrait chez les demoiselles Philibert qui lui prodigueraient leur enseignement en solfège, musique, peinture et dessin et lui remettraient un petit programme d'études touchant la littérature, l'histoire et la mathématique que Monsieur de la

Source lui ferait exécuter pendant la semaine. Depuis un an, Naomi ne rapportait plus à la maison de programme d'études, mais elle continuait d'aller le jeudi à Saint Denis prendre leçon de piano dans la maison des demoiselles Philibert.

En réalité, Naomi n'était rien moins qu'une élève brillante. Dans le domaine de l'aquarelle, mademoiselle Antoinette Philibert lui avait enseigné un certain nombre de « trucs » grâce auxquels elle arrivait à reproduire, avec un grand souci d'exactitude, les moindres détails d'une fleur et sa sœur, mademoiselle Naomi, avait suffisamment exercé les doigts agiles de leur élève pour qu'elle pût jouer avec succès quelque barcarole, gavotte, ou menuet quand, après le dîner, un ami de son père l'en priait. Mais là se bornaient ses talents et Naomi restait fidèle à ses Jeudis non pas tant pour faire plaisir à Naomi et Antoinette ou pour perfectionner ses talents, que pour passer quelques heures en compagnie de son ami Antoine.

Lorsque les demoiselles Philibert avaient accepté de recevoir Naomi chaque Jeudi pour lui donner l'éducation d'une dame, la moins âgée de ces demoiselles, Naomi, excellente musicienne et passionnée de son art, se consacrait déjà depuis plusieurs années à un jeune élève dont les talents la comblaient d'aise et d'admiration. En 1826, lorsque Naomi, âgée de 12 ans, commença de venir à Saint Denis le Jeudi, Antoine Dubos avait 15 ans. Il suivait toute la semaine les cours du collège royal mais consacrait une grande partie du jeudi matin à l'étude de la musique auprès de mademoiselle Naomi. Son père, le Docteur Dubos, vivait aussi retiré que le lui permettait la pratique de son art. On disait qu'Antoine était le fils d'une très belle esclave malabare, morte mystérieusement peu après sa naissance. Aussi, et malgré l'estime que tous les habitants de Saint Denis portaient au Docteur, lequel prodiguait ses soins éclairés aux meilleures familles de l'île, jamais, dans aucune de ces familles, on ne recevait Antoine et jamais Naomi ne rencontrait-elle le jeune homme dans le monde où elle évoluait en dehors du Jeudi. C'était dans un autre monde aussi qu'allait l'introduire Antoine.

*
**

A 15 ans, l'on est presque un homme sous ces climats et Antoine n'eut d'abord que mépris pour l'élégante petite fille qu'il vit débarquer, suivie de sa Nénie, d'un manchil enrubanné, décoré, pomponné et verni à souhait. Mais un jeudi matin, comme il poussait la barrière clôturant la petite cour des demoiselles Philibert, Antoine entendit un trot rapide sonner sur les pavés de bois de la rue et n'eut que le temps de se ranger devant Naomi qui déjà s'arrêtait au pied de la varangue. José, sur sa mule, s'essoufflait encore à un quart de lieue de là, il crut que la petite fille était venue seule à cheval et tout aussitôt, plein d'admiration pour sa témérité, il lui fit compliment en l'aidant à descendre et lui proposa de l'escorter au retour. De ce moment ils furent amis.

La matinée se passait à étudier. Pendant une heure, Naomi épelait ses gammes sur le piano. Puis Antoine s'installait à son tour devant l'instrument pendant qu'assise à son chevalet la petite fille s'appliquait, sous la surveillance de Mademoiselle Antoinette, à copier exactement les tons précieux d'une fleur tropicale baignant devant elle dans un verre de cristal. Et par la porte ouverte, les accords qui s'échappaient du salon de musique étaient si purs et si tendres, que l'élève et le professeur en oubliaient parfois leur tâche et demeuraient longtemps immobiles, le pinceau ou l'aiguille suspendus, le regard perdu, le cœur serré jusqu'à ce que l'accord final du mouvement, rompant l'enchantement, les rendît à leur ouvrage. Ainsi Naomi, de Jeudi en Jeudi, acquit grâce à Antoine une culture musicale infiniment plus étendue que celle des jeunes filles de son âge auxquelles on réservait la production mièvre d'airs à danser ou à chanter issue d'obscurs « musicâtres » sans génie dont le seul mérite était une écriture facile, à la portée de médiocres exécutantes.

Un peu avant midi, commençait la récréation que mademoiselle Naomi appelait naïvement « la leçon botanique » qui consistait en une promenade dans la petite cour des demoiselles, étroite mais encombrée d'un foisonnement de fleurs et d'arbres au milieu desquels Naomi se promenait gravement, répétant les noms latins et barbares des magnifiques orchidées accrochées aux troncs des arbres, aux piliers de la varangue où à la palissade de la clôture. Les songes aux mouchetures variées à l'infini n'étaient pas, pour mademoiselle Naomi, un moindre sujet d'orgueil comme les grandes fougères, les lis et les camélias. Naomi admirait, respirait les corolles embaumées, s'extasiait devant l'éclosion d'une fleur nouvelle et pressait dans ses doigts, pour les parfumer comme avec un citron sauvage, quelques feuilles de ce gigantesque thuya qu'on appelle ici macrocarpa. Enfin l'appel de mademoiselle Antoinette réunissait pour le dîner dans la petite salle à manger vieillotte, élèves et professeurs auxquels se joignait parfois quelque vieil ami de Naomi ou d'Antoinette. La chair était simple mais soignée et le repas se terminait toujours par une des spécialités de mademoiselle Naomi, célèbre dans toute l'île pour ses confitures exquises : Il n'était fruit qu'elle ne s'ingéniât à mettre en confiture, mais les plus remarquables étaient ses confitures de papayes, de mangues et surtout les confitures de graines de cacao vert parfumées d'ambre, de musc et de cannelle.

Ensuite venait l'heure de la sieste que la petite fille au manchil passait étendue sagement sur un sofa dans l'ombre du petit salon après qu'Antoine eut pris congé. Mais du jour où Naomi vint à cheval prendre ses leçons du Jeudi, Antoine, qui s'était donné la tâche de la raccompagner jusque chez elle, entreprit aussi de l'initier à tous les jeux merveilleux auxquels invite, dans un climat radieux, une nature enchanteresse. Et si magnifique était le domaine où la faisait pénétrer son compagnon, que Naomi écourta de plus en plus et finalement négligea tout à fait la sieste du Jeudi.

Ainsi, José sur leurs talons, les deux enfants sillonnèrent-ils de leurs chevauchées hebdomadaires la moitié de l'île qu'on appelle « au vent », Naomi apprit, jupes troussées et pieds nus sur les rochers noirs à guetter, immobile au-dessus de l'eau claire, les chatoyants ébats des « cateaux barbouillés d'or et d'azur », des chirurgiens bleus aux nageoires d'or et des myriades de ces poissons minuscules mais du bleu le plus intense que produise ici-bas la nature. Ou bien, le trident à la main, elle frappait d'un geste vif et sûr l'ourite aux bras innombrables et brandissait ensuite son arme, fière de sa prise, mais blême de crainte à l'idée d'y toucher pour en défaire les pointes. Parfois, à l'abri d'un rocher, elle se dévêtait entièrement et nageait dans une crique étroite au milieu de l'écume éclatante. Antoine, gravement, surveillait ses ébats, ordonnait ses mouvements et l'encourageait à plonger dans l'azur étincelant. Ou bien, tournant le dos au rivage, ils gagnaient la forêt qui couvre les pentes de la montagne. Seule, Naomi n'aurait jamais osé se hasarder au-delà des champs de cannes. Passés les champs, en effet, commençait avec la forêt un domaine mystérieux et terrible pour une fillette nourris dès l'enfance des contes de sa Nénie tout peuplés d'horribles exploits de nègres Marrons. Bien que l'île fût purgée depuis longtemps des derniers marrons, ils restaient toujours vivants dans l'imagination des enfants grâce aux récits horrifiques que leur en faisaient les Nénies. Mais Antoine, élevé loin des contes de bonnes femmes, de la forêt tropicale ne connaissait que les merveilles. Dans cette île paradisiaque, il n'existe aucun animal dangereux à l'homme, et les deux enfants s'aventuraient sans crainte sur les petits sentiers, parmi les fleurs. Naomi apprit à reconnaître les bois d'oiseaux, les bois de merle, les bois de quivi, et les lingères au milieu desquelles montent vers le ciel plumets sombres de palmistes. Plus haut, à mesure qu'ils s'élevaient sur les pentes, apparaissaient les bois d'ébène, les bois d'olive, les mapous, parents des citrins, et dont le bois est si dur que même le feu ne peut l'attaquer et que l'on construit même des cheminées en bois de mapou. Plus haut encore, Antoine montrait à Naomi les bois de cannelle, les bois de bassin, les tokames, les bois de prune marron et les benjoins embaumés. Parfois, au hasard de leurs chevauchées, ils débouchaient sur une clairière où se mussait, près d'un champ de manioc minuscule, une petite case isolée. Quelque nègre affranchi, où même un blanc épris de solitude, vivait là au milieu des fleurs et des oiseaux sauvages. Antoine et Naomi attachaient leurs montures auprès d'une source à la branche basse d'un arbre et s'asseyaient dans la mousse fraîche pour se régaler des fruits qu'ils avaient cueillis en chemin. Souvent, les habitants de la cabane, enhardis, s'approchaient d'eux, les invitaient à entrer dans leur logis où ils leur servaient une collation de galettes de maïs et de miel vert, ce nectar que les abeilles élaborent dans les hauts, avec les fleurs du bois de tan.

Et Naomi s'émerveillait de la vie sauvage et libre que menaient ici ces gens délivrés de toutes les contraintes de la société. Dans son enthousiasme, elle faisait à haute voix des plans d'existence simple et sauvage auxquels elle associait Antoine. Ils repartaient avec le soir, les bras chargés des orchidées sauvages dénichées dans la forêt et tout barbouillés du suc des framboises qu'ils avaient butinées à chaque buisson. Un jour, ils suivirent la côte plus loin qu'ils n'avaient jamais osé s'aventurer et parvinrent au pied du volcan. La végétation cessait brusquement, faisant place à un sol gris et sec, formé de blocs et de débris de lave poreuse, légère et coupante. Un peu de fumée s'élevait du cratère, rabattue sur l'île par le vent de la mer. Ils restèrent longtemps immobiles, le regard fixé sur ces fumerolles, remplis à la fois de la crainte vague et de l'espoir que le volcan, tout à coup, ne se mît à vomir l'enfer de la terre.

*
**

Par José d'abord qui lui fit un rapport fidèle de la première de ces promenades, par ses voisins ensuite qui s'étonnèrent d'une telle liberté laissée à sa fille, Monsieur de la Source fut rapidement au courant de ces escapades. Il s'en fut un jour à Saint Denis, interroger longuement Antoinette et Naomi, passa une heure dans le bureau du Docteur Dubos et, à son retour, questionna Naomi sur l'emploi de son temps lors du Jeudi passé. La petite fille fut alors si éloquente, mit dans son récit tant de passion pour montrer à son père le plaisir qu'elle avait pris à cette innocente chevauchée avec un compagnon de son âge que, déjà impressionné par l'éloge qu'avaient fait du jeune homme Naomi et Antoinette, Monsieur de la Source n'eut point le courage de priver sa fille de ces sorties qui égayaient sa vie d'enfant unique privée de mère.

C'est ainsi que Naomi, ayant atteint l'âge de 15 ans, continuait de scandaliser les vieilles familles de l'île en chevauchant par les chemins, botte à botte avec un grand jeune homme de 19 ans et suivie de très loin par la mule poussive de José. C'est ainsi que Naomi de la Source, fille d'un des plus riches planteurs de l'île, en écoutant son compagnon lui parler de justice et de liberté, comprit l'affreuse condition où étaient réduits les esclaves. Elle jura de consacrer ses forces et sa vie à rendre à ces malheureux la dignité humaine. C'est ainsi que Naomi, coquette, frivole et paresseuse, devint une cavalière hardie, courageuse et découvrit au fond de son indolence créole des trésors d'enthousiasme et d'activité qui, bizarrement, ne s'éveillaient qu'un jour par semaine. Après les folles équipées du Jeudi, Naomi redevenait en effet la jeune fille aux mille atours, la jeune fille qui rêvait dans le hamac rouge ou bien dans la pénombre fraîche du salon clos et ce n'étaient plus alors des projets de vie libre et sauvage que suivait son rêve. Non, revenue sur les terres de son père, Naomi retrouvait son âme frivole et, environnée de ses mousselines neigeuses, bercée par le mouvement d'un fauteuil à bascule, n'apercevait plus à l'horizon de ses rêves que la perspective d'une robe nouvelle, d'un ruban neuf, pour remplacer une ceinture ou bien encore, comme toutes les jeunes filles de cet âge, rêvait d'un jeune homme très blond et très élégant qui d'un seul coup d'œil s'éprenait de ses charmes et l'emportait vers un autel surchargé de fleurs et de cierges étincelants. Et lorsqu'elle montait chaque matin sa petite jument baie, c'était pour suivre sagement le cheval de son père à travers les champs. Jamais elle ne quittait les limites des terres, jamais elle ne partait dans les bois sauvages des hauts.

Ainsi y avait-il deux Naomi et celle-ci ne s'en avisait qu'aujourd'hui, en méditant au trot de sa jument sur une réflexion de sa Nénie.

Deux Naomi... Celle du Jeudi... Et l'autre.

Mais laquelle était la vraie ?

CHAPITRE III

Les adieux

৵৵

Lorsqu'elle entra ce matin-là dans le salon de musique de Naomi Philibert, Naomi eut l'impression désagréable que son arrivée changeait le cours d'une conversation. Ce n'était qu'une impression fugitive mais qui s'aggrave quand elle crut remarquer que Naomi et Antoinette avaient les yeux rouges, gonflés et les cils humides de personnes qui viennent de pleurer ou qui cherchent à retenir leurs larmes. Pourtant, vêtues comme d'habitude de leurs éternelles robes de soie ponceau, les deux sœurs la serrèrent dans leurs bras et lui firent mille baisers et caresses.

Debout et légèrement appuyé du coude sur le piano, un sourire ébauché sur ses lèvres, Antoine Dubos regardait la scène, attendant la fin de ces effusions pour saluer à son tour Naomi.

Il portait ce jour-là des culottes de cheval de couleur claire, et ses longues jambes étaient gainées de bottes souples à revers. A travers l'étoffe fine de sa chemise blanche et plissée, haut fermés par les tours d'une cravate de cachemire, se devinaient les muscles puissants de sa poitrine bronzée et de ses fortes épaules, dont les dimensions tout à fait insolites à Saint-Denis, faisaient chuchoter le tailleur qui voulait y voir la marque certaine de la naissance servile du jeune homme. « *Il a les épaules et les muscles d'un esclave des champs* » disait ce petit homme en brandissant les pelotes d'épingles fixées à ses poignets. « *Jamais aucun de nos messieurs n'a eu de telles mesures* », ricanait-il en tendant entre ses deux mains une importante fraction de son mètre-ruban. « *Croyez-moi*, ajoutait-il en baissant tout de même la voix, *il est bien le fils de cette esclave indienne qui appartenait au Docteur Dubos* ».

De cette mère indienne, Antoine avait hérité aussi d'immenses yeux noirs d'une forme allongée, incroyable, encore accentuée, lorsqu'il baissait à demi les paupières, par la longueur insolite des cils. Sur son front pur, des cheveux noirs retombaient en boucles désordonnées, le nez était droit et bref, légèrement écarté au-dessus d'une bouche grande et forte qui, dans le sourire, s'ouvrait sur de larges dents blanches.

Sur un fauteuil proche, il jette les gants, la cravache et le chapeau de paille qu'il tenait à la main et, dans ses deux mains tendues, prit celles de Naomi sur lesquelles il s'inclina. Il sourit largement et dans l'éclat de ce sourire, la gêne légère qu'éprouvait Naomi depuis son arrivée, fondit comme neige au soleil.

- Ma petite amazone a-t-elle fait un bon voyage ? S'enquérait-il gentiment.

- Un délicieux voyage, sous un merveilleux soleil. Clarté a fait preuve d'une charmante humeur et nous sommes tombées d'accord, elle et moi, pour penser que les Jeudis matin ont été inventés tout exprès pour les chevauchées et les leçons de piano... Et aussi les leçons de peinture, ajouta Naomi soucieuse d'éviter la moindre peine à mademoiselle Antoinette.

Cependant José arrivait au seuil du salon portant un petit coffre de bois de santal. Naomi disparut dans la chambre de Naomi pour quitter son costume de cheval et revêtir la fraîche robe d'indienne contenue dans le coffret et qui gardait en ses plis l'odeur poivrée du bois odorant.

Et la matinée du Jeudi s'écoula, studieuse et sonore, comme par les Jeudis passés. Dans le salon de musique, Antoine jouait ce matin-là des mélodies tristes et douces et Naomi, dans la pièce contigüe, savourait comme un fruit amer la tristesse tendre qui, note à note, d'une étude de Chopin, s'égouttait sur son cœur.

Puis vint la leçon de botanique dans le jardin, puis le repas qui parut à Naomi plus soigné que d'habitude et quand Naomi apporta sur la table un assortiment complet de ses confitures célèbres dans une rangée de petits pots de porcelaine, qu'elle prétendit que Naomi et Antoine goûtassent à chacune, inexplicablement, devant cette prodigalité inhabituelle, Naomi ressentit à nouveau la gêne qui pesait ce jour-là dans le salon au moment de son arrivée. Elle s'aperçut alors qu'elle seule faisait honneur aux sucreries de Naomi et son cœur brusquement se serra et s'alourdit d'une peine encore inconnue, mais qu'elle faisait sienne puisqu'elle accablait ses amis.

A cette heure de la journée, la varangue est trop chaude pour que l'on s'y tienne. Bien que tous les volets de bois soient tirés, le salon et les chambres sont étouffants, seul le vestibule, au centre de la maison, qui ne possède aucune ouverture sur les varangues, conserve une relative fraîcheur. Trois rocking-chairs aux membres retournés, aux dossiers et aux sièges finement cannés et surchargés de coussins, y accueillirent la fatigue des deux demoiselles et le poids léger de Naomi. Antoine s'assit sur un fauteuil, croisa les jambes et entreprit de détordre l'une après l'autre les mille franges de soie d'un tapis de table. Bientôt, au doux bercement de leurs sièges, Naomi et Antoinette s'assoupirent. Naomi, immobile, les yeux à demis clos, suivait attentivement le travail de destruction qu'achevait Antoine aux dépens du tapis. Dans les profondeurs de la maison silencieuse, on n'entendait que le frottement régulier du balancier de l'horloge. Tout à coup son rythme paisible fut coupé par une sorte de quinte de toux étouffée, asthmatique, qui aboutit finalement à un tintement sans gloire, plus ferraillant que musical, mais qui annonçait sans aucun doute la demie après deux heures.

Naomi leva les yeux et son regard rencontra celui d'Antoine. Alors elle cessa de faire balancer son fauteuil et d'un bond se dressa sur la pointe de ses sandales de maroquin. Du bout des doigts elle envoya des baisers aux deux vieilles filles endormies et entra sans bruit dans la chambre de Naomi pour y reprendre ses habits de cheval.

44

Dans la rue encore écrasée de soleil, à l'ombre étroite du bougainvillée aux fleurs de papier de soie violet, les chevaux attendaient tenus à la bride par José. Antoine aida Naomi à monter en selle, vérifia le bon harnachement des bêtes et tous deux, au pas, gagnèrent par les faubourgs la route qui s'éloigne de la ville vers l'est.

A leur gauche ils voyaient, entre les rochers noirs, la mer étinceler comme une flaque de métal, tandis qu'à droite bleuissait la masse imposante des trois Salazes. Puis la route s'éloigna légèrement de la mer, ils longèrent les bâtiments neufs de la sucrerie de la Bretagne et remontèrent pendant quelques minutes le sentier qui grimpe le long de la rivière des pluies.

- Nous n'irons pas loin aujourd'hui malgré le beau temps, pensait Naomi en suivant son compagnon sur cet étroit sentier conduisant à un vallon encaissé et désert qu'ils appelaient le vallon de Diane.

Ce vallon de Diane avait autrefois abrité une maison dont les occupants avaient sans doute coulé d'heureux jours dans ce décor verdoyant et solitaire. Un incendie avait détruit ce foyer et seuls, debout au milieu du foisonnement des clématites et du chèvrefeuille, les trois piliers d'une véranda montaient la garde dans le vallon désert. A quelques pas devant ces vestiges noircis, miraculeusement blanche et intacte, se dressait, sur un socle de marbre, une petite statue de Diane. Un banc de pierre couvert de mousses s'arrondissait autour du socle.

Comme Antoine mettait pied à terre et entreprenait d'attacher son cheval aux branches d'un giroflier issu du sol entre les décombres, Naomi essaya de protester :

- Oh ! Antoine, il fait si beau aujourd'hui, pourquoi n'allons-nous pas nous promener plus avant dans les bois ?

- Je suis désolé, Naomi, mais j'ai promis à mon père de rentrer à la maison de très bonne heure et comme je voulais auparavant vous parler...

Il s'interrompit pour regarder José qui faisait à son tour une entrée digne et solennelle dans le vallon. Puis il reprit :

- Oui, je pensais que nous serions très bien dans notre petit vallon secret pour causer tranquillement. Il y a quelque chose que je voudrais vous demander Naomi.

- Mais Antoine, nous parlerons tout en marchant, ou bien un autre jour, il fait si beau !

- Pardonnez-moi, Naomi, c'est aujourd'hui que je veux vous parler.

Naomi, étonnée que pour une fois Antoine ne cédât pas à son caprice, leva sur lui d'immenses yeux bruns surpris et un peu fâchés mais sans doute rencontrèrent-ils l'obstacle inflexible d'une volonté sans appel car Naomi sauta brusquement à terre, jeta ses rênes à José et s'en fût d'un pas un peu raide s'assoir sur le banc circulaire. Antoine, debout non loin d'elle, un brin de chèvrefeuille aux lèvres, la regardait sans rien dire. Ses yeux allaient des petites bottes fines dont la pointe apparaissait sous les plis de sa jupe, aux mains étroites et gantées qui jouaient avec un jonc à pomme d'or, montaient vers la poitrine menue, ronde, haute comme une offrande, glissaient sur les épaules si étroites, le cou si droit, si long, s'arrêtaient sur le visage pur, doré et velouté comme un fruit, éclairé par des yeux immenses et enchâssés dans l'écrin soyeux des bandeaux épais. Antoine se taisait, une fois de plus, rendu muet par l'intensité de son admiration pour Naomi et par la conscience à chaque instant plus précise de l'amour qu'elle lui inspirait.

Brusquement il demanda :

- Naomi, pensez-vous que je doive, comme mon père, devenir médecin ?

Remâchant sa déception pour la promenade manquée, Naomi était demeurée inconsciente de l'examen qu'elle venait de subir et du trouble où se trouvait le jeune homme. Elle leva les yeux et répondit en haussant les épaules :

- Mais bien sûr Antoine ! Que de fois nous en avons parlé, que de fois nous avons pensé qu'un jour vous partiriez en France, qu'un jour vous iriez là-bas faire vos études de médecin pour revenir ensuite à Saint-Denis et prendre la succession de votre père !

- C'est vrai, nous disions qu'un jour il faudrait partir... Un jour... dit rêveusement Antoine. Puis brusquement :

- Et ce jour, Naomi, si c'était demain ?

- Oh ! Mais non, Antoine, pas demain, pas si vite. Un jour, oui, mais dans très longtemps...

Puis Naomi se tût soudain et son visage s'empourpra. Elle venait de comprendre enfin qu'Antoine ne lui demandait aucun conseil, aucun avis, mais lui annonçait une décision irrévocablement prise et sur laquelle elle était impuissante. Alors elle revit les yeux rouges de Naomi et d'Antoinette, elle entendit Naomi insistant d'une voix blanche pour qu'Antoine goutât, une dernière fois, aux succulentes confitures, elle sentit une grosse boule se gonfler dans sa gorge, ses yeux la piquer et s'entendit déclarer d'une voix tremblante :

- Est-ce vraiment demain, Antoine, que vous allez partir ? Et vous ne m'avez rien dit ?

Mais sur ces derniers mots sa voix se brisa.

- Ne pleurez pas, Naomi, ma petite colombe, suppliait Antoine éperdu devant le trouble où semblait plonger Naomi à la nouvelle de son départ.

Il s'assit auprès d'elle et prit dans les siennes les petites mains gantées.

- Je travaillerai beaucoup afin de revenir plus vite. Vous demanderez de mes nouvelles quand vous irez à Saint-Denis chez les Philibert à qui j'ai promis d'écrire régulièrement. Et quand je reviendrai… Il sembla hésiter… quand je reviendrai… Il respira profondément… je vous ramènerai de jolies choses de France et, si vous voulez, nous reprendrons ensemble nos belles chevauchées.

- Oh ! Antoine, Antoine, mais je vais être toute seule, mais qui sera mon ami ?

Antoine se leva, enfonça ses mains dans ses poches et crispa les poings.

« *Ne pas la toucher, ne pas la prendre dans mes bras, ne pas la serrer sur mon épaule, je n'en ai pas le droit, je suis le fils d'une esclave, un paria… Au moins jusqu'au jour où, par mon travail, j'aurai acquis le droit d'être un homme libre et de lever la tête plus haut que tous ces blancs-becs igNaomints qui naissent dans des maisons tapissées de titres de noblesse et ne font rien, de leur vie entière, pour en acquérir de nouveaux à leurs fils.* »

Il se rapprocha d'elle :

- Naomi, dit-il doucement, si je suis votre ami, vous attendrez mon retour sans impatience, sans colère, en songeant que là-bas, moi aussi je penserai à vous comme à ma seule amie et que c'est dans les merveilleux souvenirs de nos promenades et des Jeudis de notre enfance que je puiserai le courage de tant travailler. Et quand je reviendrai, je serai un homme et nous pourrons peut-être, ensemble, travailler à l'établissement de la liberté dans notre pays.

Un couple de martins, établis dans les ruines de la maison brûlée, choisit cet instant pour se mettre à jacasser et à marivauder. Dépourvus de toute crainte et de la moindre pudeur, ces deux oiseaux vinrent se disputer et voleter jusqu'entre les pieds d'Antoine que leur présence bruyante rendit soudain furieux. Il se leva et fit deux fois le tour de la petite Diane, sabrant à coups de cravache les herbes folles du vallon. Les chevaux s'agitèrent et se mirent à gratter nerveusement le sol de leurs sabots. Antoine s'immobilisa devant Naomi :

- Allons, il faut partir. Je vous accompagnerai jusqu'à Saint Hippolyte, Naomi, mais c'est ici que je veux vous dire adieu. Ecoutez-moi Naomi, et séchez d'abord vos larmes, je veux emporter de vous une image souriante. Tenez, voici mon mouchoir... là... maintenant vous allez me promettre de ne rien oublier de ce qui s'est passé ici ce soir : Notre conversation et vos larmes. Promettez-moi de ne jamais rien oublier de tout ceci et je partirai l'âme en paix. Et même, ajouta-t-il, écoutez, en rentrant à Saint Hippolyte, vous prendrez une plume et vous ferez un récit fidèle de notre dernier Jeudi. Et de temps en temps, vous le relirez. Ainsi vous n'oublierez pas Antoine, je l'espère.

Naomi, le nez plongé dans un immense mouchoir bleu, promit tout ce qu'Antoine voulait.

- Et gardez aussi mon mouchoir Naomi. Quand vous prendrez dans votre tiroir un de vos minuscules mouchoirs de dentelle, la vue de mon grand mouchoir bleu parmi les vôtres vous fera sourire et vous obligera de penser à moi. Allons, adieu Naomi, il est l'heure pour moi de rentrer.

Antoine mit en selle la jeune fille, garda un instant dans les siennes une main gantée de gris, déposa un baiser léger sur le poignet de Naomi, puis à son tour sauta en selle et les chevaux s'enlevèrent dans un trot rapide. Botte à botte, ils parcoururent sans dire un mot la route du retour et, quand Naomi se fut engagée dans l'allée des badamiers qui conduisait à sa demeure, Antoine fit une brusque volte-face, cria deux fois « *adieu Naomi* » et repartit au galop vers la ville.

Naomi mit Clarté au pas, l'arrêta, et se tint immobile au carrefour de l'allée et de la route, longtemps, jusqu'à ce que la dernière particule des poussières soulevées par le cavalier se fut évaporée dans l'air candide du soir. Alors elle remonta l'avenue au pas, le cœur lourd d'une peine qu'elle ne savait nommer et gonflé des regrets de tant de jours enfuis. Antoine allait partir et Naomi, confusément, sentait qu'avec son départ s'achevait à jamais le temps béni de son enfance.

Perdue dans ses réflexions, elle laissait la jument aller à sa guise et se vit tout à coup arrêtée devant la porte des écuries au milieu de l'arrière-cour qui commençait à peine de s'animer dans le va et vient du soir. Nénie, debout sur le seuil de la maison-cuisine, (quel festin de restes y faisait-elle à cette heure ?) leva les bras au ciel et s'empressa d'accourir.

- Pou' une fois que vous êtes 'aisonnable, que vous 'ent'ez bien à l'heu'e, mam'zelle Naomi, faut-il que vous veniez jusqu'ici sali' vos bottines dans le fumier de cette écu'ie ?... mais 'épondez moi donc ! Di'ait-on pas qu'elle do't tout debout su' son cheval, le pauv'e oiseau !

Naomi se laissa emmener vers la maison, se baigna, s'habilla, et chacun de ses gestes scandait dans sa tête la même phrase qui depuis une heure y battait comme un cœur : Antoine s'en va, Antoine s'en va...

Quand enfin Nénie la laissa pour aller dans la lingerie houspiller les repasseuses et talonner les négrillons chargés des feux, Naomi descendit sans bruit l'escalier de bois ciré et se glissa dans la bibliothèque. Jusqu'au plafond, les murs de cette pièce étroite et longue étaient tapissés de rayons accablés de livres. Leurs dos brunis et chamarrés d'or luisaient dans la pénombre, faiblement, et leur alignement monotone n'était tranché çà et là que par le plat glorieux d'un ouvrage frappé d'armoiries illustres. Naomi n'eut pas un regard pour eux non plus que pour le magnifique bureau à cylindre de son père. Dans un angle, sur des pieds fins sabotés de bronze, se dressait un petit secrétaire marqueté. Devant lui, sur un tabouret, Naomi s'assit, fit tourner une clé ouvragée dans la serrure et descendit lentement l'abattant. D'un minuscule tiroir au bouton de bronze, elle tira un album de maroquin bleu que fermait avec cérémonie une ferrure d'argent ciselé. Et devant la première page toute blanche, Naomi rêva longuement, sans bouger. Enfin sa plume se mit à courir sur l'épais papier et grinça longtemps, jusqu'à l'heure où César entra dans la pièce, tira les rideaux et alluma les lampes de porcelaine.

*
**

Le vendredi 16 Janvier 1832, le « Saint Alban » mit à la voile vers 10 heures du matin et toute la population de Saint-Denis, massée sur le barachois, regardait s'éloigner le beau navire empanaché de voiles blanches dont les flancs arrondis emportaient vers la France une cargaison embaumée de sucre roux, de poivre blanc, de tabac brun, de rhum et d'épices aux senteurs capiteuses. Dans cette foule, seul un homme, vêtu de noir, se souciait du garçon brun embarqué pour la France. Nul à Saint-Denis ne se préoccupait du sort d'Antoine Dubos. Nul ne songeait à lui en apercevant, dans la foule, la silhouette fatiguée de son père.

« *Antoine est parti, Antoine est parti* » répétait inlassablement Naomi étendue dans son hamac à quelques lieues de là, tandis que Florentin, au-dessus d'elle, agitait sans faiblir un chasse mouche de plumes multicolores.

Et ainsi, peu à peu, disparut la Naomi du Jeudi, que seul Antoine savait appeler à la vie. Clarté sortit moins souvent de l'écurie et ne s'aventura plus hors des limites de la propriété. Et, si Naomi demeura quelques mois encore fidèles à ses Jeudis studieux, elle s'y rendit désormais en palanquin et Nénie se réjouit fort de voir son enfant adopter enfin les manières dignes de son sexe et de son rang.

CHAPITRE IV

Le bal

꙰

La joue appuyée sur ses genoux, les bras entourant ses jambes repliées, assise sur la dernière marche de l'escalier, Naomi écoute les mille rumeurs familières de la maison éveillée. De la salle à manger voisine arrivent les tintements légers de porcelaine et d'argenterie que César enferme dans de grands écrins de peluche. Le cartel du salon égrène ses notes désuètes. A l'étage, la porte d'une chambre bat au gré d'un courant d'air avec le même grincement connu et, dominant tout le reste, la voix de Nénie gourmande les femmes de chambre. Mais de la cour monte un tumulte insolite. Devant le perron piaffent des chevaux impatients, mal contenu par la main de Florentin. Les roues d'une calèche et d'un cabriolet crissent sur le gravier de la terrasse aux légers remous que leur impriment les mouvements des chevaux. Et Naomi sourit d'entendre le chant naïf dont s'accompagnent les esclaves en chargeant les malles poilues, ventrues et les coffres de bois sur le cabriolet. Nénie, tout à l'heure, y prendra place au milieu des bagages, serrant contre son cœur le « nécessaire » de Naomi, lourd coffre d'acajou dont les mille compartiments et cachettes tapissés de satin recelant tout ce qui en voyage peut-être

« nécessaire », depuis le jeu de peignes et des brosses, les boîtes à poudre, à onguents, les flacons de parfums, les cuvettes diverses, depuis le matériel de toilette individuel, la râpe légère pour nettoyer la langue, les sels anglais, la bouteille d'émétique, le vinaigre des quatre voleurs et la coupelle qui baignera les yeux fatigués, jusqu'au tire-bouchon, aux ciseaux, au fil et aux chapelets de boutons. Car c'est bien un voyage qui provoque ce matin le branle-bas général de la maisonnée. Et Naomi, au moment de quitter le cadre ordinaire de ses journées, a peur soudain de l'abandonner et, assise sur une marche de l'escalier de bois, se laisse aller à la rêveuse mélancolie des départs. Dans quelques minutes, Nénie aura fini de donner ses ordres pour que tout ce qui est susceptible d'être nettoyé fut lessivé en son absence, pour que chaque meuble, chaque bibelot soit emprisonné d'une hausse de percale ou de mousseline ; dans quelques minutes elle descendra l'escalier aux marches craquantes et Naomi, d'un bond, se lèvera et rejoindra son père qui s'affaire auprès des chevaux. Mais en attendant, Naomi écoute la porte qui bat, les chants des esclaves, les tintements de l'horloge, les craquements familiers des vieux planchers et le tintamarre dû aux martins qui nichent sous le toit… Du jardin, monte une odeur de matin humide et de terreau qui vient se marier avec celle des vieux coffres en bois de camphre ouverts pour le voyage. Et le cœur de Naomi se gonfla de l'amère volupté des départs où l'on pèse tout le prix des mille riens du bonheur dans l'instant même où l'on va les quitter.

Pourtant, une heure plus tard, son désenchantement envolé comme un oiseau, Naomi saute légèrement dans la calèche, salue d'un sourire tous les nègres rassemblés devant le perron et part d'un grand éclat de rire quand la secousse du départ l'envoie heurter l'épaule de son père. Elle agite encore la main avant le tournant de l'avenue et puis resserre les brides de sa capeline de paille. Derrière la calèche, s'ébranle lourdement, conduit par José, le cabriolet où sont entassés les malles et les coffres de bois odorant aux ferrures de cuivre ciselé. Assise au sommet, comme le couronnement neigeux d'une montagne de colis, raide et digne, trône Nénie dans sa robe de percale blanche des dimanches, toute craquante d'amidon. Elle jette aux nègres qui restent à la maison un regard sévère et hausse les épaules en soupirant, persuadée qu'en son absence, ils vont commettre les plus invraisemblables sottises et puis, se détournant, elle fait un grand signe de croix et commence à marmonner ses invocations, priant le bon Saint Christophe patron des voyageurs et tous les saints du ciel d'éloigner du chemin les dangers qui menacent tous ceux qui vont par les routes.

Quel est donc le voyage qu'entreprend aujourd'hui Naomi ? Pour quelle métropole, quelle capitale, va-t-elle s'embarquer avec son armée de bagages et sa fidèle négresse ? A quelle tempête, à quels périls veut-elle s'exposer pour que Nénie croie utile de mobiliser à son secours l'armée toute entière des saints du paradis ?

Non, aucun danger ne menace Naomi, nul bateau ce soir ne lèvera l'ancre pour l'emporter sous des cieux étrangers et le voyage qu'elle entreprend ne la conduira pas plus loin que ses anciennes chevauchées du Jeudi : C'est pour Saint-Denis seulement que s'ébranle le convoi. Et pourtant c'est beaucoup plus loin que la mènera ce voyage, c'est lui qui va décider de son destin. Et si Nénie en avait le moindre soupçon, elle pourrait frapper sa poitrine encore plus fort et harceler le ciel de prières infiniment plus passionnées, et dans les coffres de bois de camphre et de santal, ce ne sont pas des châles et des robes de mousseline qu'elle aurait emprisonnés, mais l'innombrable cohorte des mille riens qui ont embaumé l'enfance de Naomi. Mais Nénie sait simplement qu'on va donner le premier Mai, un grand bal chez le gouverneur pour célébrer l'anniversaire du Roi de France, et que Naomi doit y paraître. Elle sait que sa maîtresse va s'installer pour quelques jours chez Madame H. et qu'il lui faudra surveiller de près la confection de la robe de bal, pour laquelle on a mandé la plus célèbre couturière de Saint-Denis.

Le trajet fut rapidement couvert et onze heures n'avaient pas encore sonné quand les deux voitures s'engagèrent au pas dans la rue de Paris. Depuis qu'on était en ville, le large chapeau de paille de Monsieur de la Source, à chaque instant, prenait un vaste mouvement d'envolées pour saluer quelque connaissance et, sous sa capeline, Naomi secouait ses boucles en souriant. Les petits cafres à demi nus agitaient la main pour saluer « *la madame* » alors que les nègres de la rue interpellaient José ou Nénie et, dans leur langage, s'enquéraient de ce qui les amenait en ville. Mais Nénie et José, gonflés d'orgueil dans leurs beaux habits, ne daignaient pas toujours répondre à ces « *pauv'neg's* » en haillons qui s'esclaffaient dans leur dos de leur air digne et compassé.

Tout en haut de la rue, la dernière maison, celle dont les fenêtres ouvrant sur les frondaisons magnifiques du « jardin du Roy », est la demeure de Monsieur H. envoyé de France tout exprès pour y essayer la culture de nouvelles épices. La cour en est assez vaste et occupée au centre par une large pelouse ronde entourée de massifs de canas, de lis, de bégonias et d'hortensias. Des manguiers ainsi que des buissons de camélias cachent les murs du jardin derrière leurs énormes boules de feuillage. Et la maison, basse et longue, sans étage, semble posée comme un jouet de bois sur le velours émeraude de la pelouse. Elle est peinte en deux tons de gris, à la mode du pays, un gris très clair souligné à chaque moulure, à chaque encorbellement de gris plus foncé et de blanc. Autour des piliers de la varangue s'enroulent des lianes d'aurore dont les rameaux s'élancent même à l'assaut du toit de bardeaux qu'ils couvrent à demi de leur feuillage sombre et de leurs grappes de fleurs étincelantes.

Au bruit que font les deux voitures sur les pavés de bois de la chaussée, Isabelle est sortie de la maison et traverse en courant la pelouse. Monsieur de la Source, lourdement, descend de la voiture et salue la jeune fille avant d'aider Naomi à sauter à terre. La silhouette de Madame H. paraît sous la varangue et déjà une foule d'esclaves surgit de derrière la maison. Les serviteurs s'emparent des bagages, les maîtres échanges baisers et révérences. Un bras passé autour de la taille de son amie, Naomi pénètre dans la maison dont elle connait déjà les pièces claires et le discret enchantement. Tout lui plait et l'émerveille dans la demeure d'Isabelle. Devant chaque bibelot, chaque tenture elle est comme un enfant qui délaisse tous ses amis pour un jouet neuf quitte à l'oublier le lendemain et revenir à ses anciennes amours. Et devant l'air ravi de sa fille, Monsieur de la Source la quitte sans regrets vers quatre heures pour retourner à la plantation. Naomi va rester seule chez les H. jusqu'au jour du bal, toute occupée des préparatifs nécessaires pour y paraître dignement.

Et comme le soleil commence à se faire moins cruel, comme Isabelle et Naomi ont entrepris sur la pelouse une partie de grâces, voici que grince sur ses gonds le portillon de bois et que s'avance dans la cour un étrange cortège. C'est tout d'abord une grande jeune femme dont la robe d'indienne bleue soutachée de blanc moule une taille parfaite. A son bras pend un petit réticule et son autre main s'appuie à chaque pas sur le manche ivoire d'une petite ombrelle de guipure. Derrière elle, à trois pas, les jeunes filles voient avec stupeur s'avancer dans le contre-jour une étrange silhouette : On dirait un nain dont la tête énorme serait encore élargie par un gigantesque chapeau. Quant aux derniers personnages de ce surprenant défilé, ils paraissent encore plus étonnants : On jurerait un couple étroitement enlacé mais dont l'un des membres serait privé de tête et de jambes.

Cependant la jeune femme en bleu est arrivée à la hauteur des jeunes filles et les salue au moment où Naomi reconnait enfin Rosalie, la quarteronne de la rue du Bois de Nèfles que l'on a priés de confectionner leurs robes pour le bal.

La négrillonne qui la suit à trois pas, toute cambrée, un poing sur la hanche, porte sur sa tête une énorme corbeille débordante de pièces de tulle, de tarlatanes et de mousseline... Et derrière la petite fille, le couple bizarre se désagrège sous les rires d'Isabelle et de Naomi qui voient un brave esclave malgache déposer dans l'herbe pour les saluer un grand mannequin d'osier qu'il a enveloppé, pour ne pas l'abîmer, d'une large pièce d'étoffe bayadère. La corbeille aux étoffes, le mannequin d'osier, sont portés dans la lingerie avec des rires, le malgache est congédié et Madame H. suivie de Nénie entre à son tour dans la pièce qui embaume l'amidon fraîchement repassé et les racines de vétiver dont on parfume ici les piles de linge. Toutes les femmes de la maison, réunies en conseil, entreprennent aussitôt de fouiller parmi les trésors que contient la corbeille. C'est à qui s'extasie sur la légèreté des organdis, la souplesse des mousselines et des jaconas, le brillant des satins et des taffetas, le tombé des brocarts. D'un petit panier Rosalie a tiré des échantillons de garnitures inédites, des dentelles, des guipures, des guirlandes de fleurs. Naomi a déjà disposé sur sa tête une petite couronne de Sandrines thé tandis que de l'autre main elle maintient autour de sa taille l'ampleur apprêté d'un volant de tulle. Bientôt le désordre qui règne dans la lingerie est à son comble et Madame H. réclame le silence en frappant ses mains l'une contre l'autre.

- Il me semble, mes enfants, dit-elle, qu'avant de choisir les étoffes et les garnitures, vous devriez vous entendre avec Rosalie au sujet du modèle de la robe qu'elle doit vous faire.

Rosalie, montrez-nous quelques gravures, je vous en prie, poursuit-elle.

Et Rosalie extrait du fond de son panier une pile de dessins, vantant tour à tour les mérites de tel puis de tel modèle. Isabelle et Naomi ont la tête un peu perdue. Tant de possibles s'offrent à elles qu'elles ne savent quel parti prendre et finalement s'en remettent au goût de Madame H. qui explique à Rosalie quelle toilette conviendra à sa fille et quelle autre à Naomi. Nénie approuve énergiquement le choix qui est fait. Elle détache de la chevelure sombre de Naomi la guirlande de sandrines, replie soigneusement le tulle abandonné, entoure de leur papier de soie bleue les mètres de dentelles dépliés et aide Rosalie à étendre sur la longue table de bois blanc les papiers fragiles des patrons. Et quand la couturière a vérifié une dernière fois l'exactitude de ses mesures, les jeunes filles renvoyées de la lingerie, retrouvent sur la pelouse dans le couchant d'azur et d'or, leur jeu de grâces abandonné.

Mais quel attrait offrent encore les grâces quand résonnent dans votre tête les mots éblouissants de bal, de tulle, de dentelle, et quand vos pieds malgré toutes les leçons apprises, trépignent sous vos jupons pendant que montent irrésistiblement à vos lèvres des airs de quadrilles ou de pavanes ! Les jeunes filles passèrent cette semaine en proie à une confuse nervosité. Aucun jeu ne les passionnait plus de quelques minutes. À tout moment elles éclataient de rire sans raison, où bien les livres qu'elles lisaient tombaient de leurs mains inattentives sans même qu'elles le remarquassent, tandis que leurs yeux, pendant quelques secondes, suivaient sur les tapisseries vidées de leurs dessins fanés les fresques brillantes surgies de leurs rêves émerveillés. Dans sa lingerie, Rosalie, vingt fois par jour, était harcelée de leurs recommandations passionnées et souvent contradictoires. Quand on finit par leur interdire l'accès de cette pièce, elles soudoyèrent une petite négresse de huit ans qui fut chargée de glisser à la couturière des billets de vélin, écrits dans la fièvre et porteurs de l'extrême inquiétude où elles étaient quant à la réussite de leur toilette de bal.

*
**

Les heures se traînant après les heures, on était enfin parvenu à la veille du jour tant attendu et ce matin-là, en aidant sa maîtresse à revêtir une robe de mousseline verte garnie de rubans gris, Nénie s'avisa soudain que, si l'on devait regagner Saint Hippolyte aussitôt après le bal, il devenait urgent que Naomi fit aujourd'hui même quelques indispensables visites.

Mais il était bien question de visites ! A l'énoncée du mot, Naomi faillit s'étrangler. Elle avait en vérité bien d'autres choses à penser. Primo, les escarpins de satin blanc livrés hier, par malchance la blessaient un peu au talon. Il était indispensable d'en faire un nouvel essayage en présence du cordonnier. Secondo, elle venait de promettre à Isabelle de lui apprendre les pas, les poses et les figures du séga. Non que le séga, dansé par les esclaves le dimanche soir sur l'aire battue qui s'étend devant leurs cases, courût la moindre chance d'introduire ses rythmes barbares et un peu indécente demain sous les lambris dorés du palais ! Non. Mais danser le séga, c'était tout de même danser et Naomi avait, dans sa hâte d'être au bal, trouvé ce moyen de tromper sa puérile impatience.

- Et puis Nénie, tu sais très bien que tu dois appliquer sur mon bras ce cataplasme au persil que tu fabriques pour effacer cette vilaine piqure de cousin qui est toute enflée. Comment ferai-je des visites avec un bandage sur le bras ?

- L'cataplasme, vous savez t'ès bien, mam'zelle Naomi que je vais le cacher sous vot'e manche. Et pou' l'séga, vous dev'iez avoir honte de vous t'emousser comme une neg'esse devant mam'zelle Isabelle. Tant que je se'ai là, vous lui mont'e'ez jamais cette danse de démon Ma''on. Non. J'i'ai vous che'cher le co'donnier pou' ce tantôt, quand vous voud'ez. Mais 'ien à fai'e pou' le séga. Et ce matin, vous me suiv'ez chez les demoiselles Philibe't, quand même je dev'ais vous y t'ainer avec une co'de !

Naomi dût céder et finalement convainquit Isabelle de la suivre chez ses vieilles amies. Leur maison était trop proche et d'ailleurs le ciel trop bleu pour songer à s'y rendre autrement qu'à pied. Les deux amies nouèrent donc les brides de leurs capelines de paille et, suivies à trois pas de Nénie enturbannée de blanc, s'engagèrent dans la rue inondée de soleil. Il était dix heures du matin et déjà la foule était dense. Sur le trottoir de bois longeant les jardins, les cafres, esclaves affranchis, s'écartaient en souriant au passage des « mam'zelles ». Au milieu de la rue encombrée, les porteurs d'un manchil criaient, réclamant le passage. Des mendiants en lambeaux, tendaient leurs sébilles de paille ; assis à terre, les marchands de mangues, d'ananas, de limons et de mandarines, offraient leurs tentantes marchandises à la convoitise des passants. Nénie écartait les uns, plaisantait les autres et criait à Naomi de soulever le bas de sa jupe avant de franchir les petits ruisseaux d'égouts.

Mademoiselle Antoinette retenue par une leçon qu'elle donnait, Naomi ne trouva dans le petit salon de la maison Philibert que Naomi, à son bureau, occupée à couvrir de jambages pointus une feuille de papier blanc. En voyant son ancienne élève apparaître sous la varangue, elle se leva précipitamment et s'écria :

- Mais c'est elle ! Voici Naomi justement !

Puis elle se mordit les lèvres, comme pour avaler ce « justement » trop vite énoncé et courut embrasser cette amie toujours chère. Naomi présente Isabelle et s'effondra dans un fauteuil, dénouant les brides de sa capote et s'éventant avec son mouchoir. Naomi leur offrit des limonades que les jeunes filles acceptèrent avec reconnaissance. Mais elles n'eurent pas plus tôt leurs verres à la main, qu'il leur revint aux lèvres leur sujet favori et mademoiselle Naomi, les mains croisées sur les genoux, dut pendant vingt minutes approuver, applaudir et s'extasier aux mille détails qui lui furent donnés sur les toilettes, les gants, les éventails, les carnets de bal, les écharpes, les dentelles et les parures qui devaient briller demain soir au bal. Il ne lui resta plus le temps de placer un mot et ce fut seulement quand elle revint, après leur départ, à son secrétaire terminer la lettre interrompue, qu'elle s'aperçut que Naomi n'avait pas même songé à demander des nouvelles d'Antoine.

Vint enfin le moment de s'apprêter, vint le moment de fixer la dernière agrafe à la robe de gaze blanche toute entière piquée de petites guirlandes de Sandrines. Vint le moment de vérifier une dernière fois le contenu du réticule, brodé de perles : mouchoir de dentelle parfumé, flacon de vermeil contenant les sels anglais, carnet de bal aux feuillets d'ivoire avec son minuscule crayon d'or, le moment d'enfiler ses longs gants de dentelle, de jeter un dernier coup d'œil au miroir, de saisir son éventail, son bouquet de Sandrines tout enrubanné, vint le moment, petite main posée sur la grande main gantée de Monsieur de la Source, d'escalader le marchepied de la calèche dont la banquette capitonnée disparait entièrement sous la corolle blanche de la jupe.

- Attendez, père, avant de monter, que je vous fasse une petite place, sinon vous vous assiérez sur ma robe.

Monsieur de la Source, arrivé de Saint Hippolyte dans l'après-midi, a déjà saisi les montants et, sous son poids, les ressorts gémissent. Il attend, debout sur le léger marchepied, tout penché vers l'intérieur de la calèche. Naomi s'affaire parmi les lingeries et les volants de son énorme jupe.

- Voilà, père. Mais faites-vous tout petit.

A peine assis, les genoux de Monsieur de la Source sont envahis par l'ampleur débordante de la robe. Dans l'autre voiture se sont entassés Madame H. et sa fille, laissant un strapontin en face d'elles à Monsieur H. Et les deux voitures qui n'ont que la rue à descendre s'ébranlent l'une derrière l'autre.

Dans la rue de l'embarcadère, où l'on s'engage vers la gauche, il y a déjà toute une file de voitures éclairées derrière lesquelles il faut avancer au pas pour entrer dans la cour du palais. Naomi piaffe d'impatience mais en même temps se répète que ces instants qui la précèdent sont les meilleurs d'une fête et qu'il vaut mieux attendre encore et désirer son plaisir que n'en avoir plus que les souvenirs, comme il en sera demain à la même heure.

Et le bal tint ses promesses d'enchantement.

Sous les lambris dorés en haut du grand escalier, le Gouverneur recevait ses invités. Il représentait le Roi de France et Naomi lui fit sa révérence mais il lui pinça l'oreille et déclara qu'il n'oserait plus l'embrasser devant tout le monde tant elle était devenue belle. Dans les salles du palais se pressaient déjà de nombreux invités, uniformes chamarrés, miroitants, au milieu des robes en fleurs sous l'étincellement des lustres aux mille bougies. Déjà les noirs circulaient, portant à bout de bras des plateaux d'argent couverts de friandises et de boissons. En un clin d'œil, Naomi se vit environnée de jeunes élégants, sollicitant des danses qu'elle leur accordait en riant et son carnet de bal fut aussitôt rempli. Près d'elle, en robe bleu ciel, le visage encadré de grappes de boucles blondes, Isabelle semblait le vivant contraste de sa brune amie, mais sa grâce parfaite lui attirait autant d'hommages. Bientôt la danse et l'animation du bal les sépara. Naomi dansait à ravir et y prenait un plaisir extrême. Aux compliments elle répondait par un sourire gardant tout juste assez d'ironie au coin des lèvres pour montrer qu'elle n'était pas tout à fait la dupe des flatteurs. Entre deux contredanses, elle retrouva son amie et l'entraîna dans les magnifiques jardins en terrasses qui descendaient jusqu'à la mer. La lune, dans tout son éclat, scintillait sur la mer immobile et sereine comme une perle. De la terre soufflait une brise chaude chargée des senteurs de cannelle et de vanille glanées dans les jardins. Sur le ciel pur se dessinait, comme à l'encre de chine, la mature compliquée d'un grand voilier devant le barachois.

Naomi immobile, serrant la main de sa compagne, emplissait ses poumons et son cœur de nuit et de beauté. Mais par les fenêtres ouvertes leur parvenait le son des violons que l'on accordait. Le quadrille allait commencer que Naomi devait danser avec Casimir du Gol. Ramassant leurs jupes, elles rentrèrent en courant se mêler de nouveau à la foule brillante et animée. Un peu de rêve était resté dans leurs yeux.

Le bal du Gouverneur ouvrait une série de sauteries, pique-niques et soirées qui cette année-là fut particulièrement brillante. Naomi, dont la beauté avait été remarquée au bal du palais, fut invitée à toutes les fêtes. Son entrain et sa gaité firent d'elle, pour cette saison, la reine de cette petite société. Tous les jeunes gens se sentaient épris d'elle mais elle recevait leurs hommages sans manifester de trouble.

Puis une après-midi, élégamment chapeauté et ganté, Casimir du Gol débarqua à Saint Hippolyte avec sa mère. Ils venaient demander à Monsieur de la Source la main de sa fille.

Quand après leur départ Monsieur de la Source fit part de cette démarche à sa fille, Naomi commença par éclater de rire. Son père la regardait, soucieux, et finit par lui déclarer qu'il n'y avait rien de risible dans l'attitude de ce jeune homme bien élevé , qu'à l'âge qu'elle atteignait maintenant, sa mère à elle, Naomi, était déjà mariée, que lui, son père, se faisant vieux, serait heureux de savoir sa fille établie, et que l'établir dans la famille du Gol, famille riche et connue de planteurs dont le jeune Casimir était l'unique héritier, non seulement ne lui déplairait pas, mais serait même une grande joie pour lui.

Naomi promit alors de réfléchir et, quinze jours plus tard, au cours d'un pique-nique, elle confia au jeune Casimir éperdu que le projet dont il s'était ouvert à son père lui souriait aussi à elle.

On les fiança.

CHAPITRE V

Le mariage

࿇࿇

Au dehors, la pluie et le vent s'acharnaient depuis deux jours à réduire en une piteuse bouillie verte la récolte qui s'était annoncée superbe dans les champs de cannes. Les esclaves inoccupés menaient dans leurs cases un grand tapage soutenu sans doute par leurs réserves clandestines de flangourin et de calou. Naomi entendait leurs cris et leurs chants bizarrement rythmés qui parvenaient jusqu'à elle à travers le repos de la grande maison silencieuse. Seule la haute charpente gémissait sous les assauts furieux du vent. Malgré la bourrasque, Monsieur de la Source était sorti aussitôt après le déjeuner et devait attendre dans la petite case du commandeur une accalmie qui lui permette de rentrer chez lui. De toute façon, ni lui ni le commandeur ne pouvaient rien contre la haine sourde de la pluie et du vent résolus à semer le carnage au milieu des champs. La visite du commandeur avait plutôt pour but de parer au désœuvrement toujours redoutable des esclaves immobilisés par le mauvais temps. Cantonnés dans leurs cases étroites et réduits par l'inaction à chercher dans l'alcool et le jeu un dérivatif à leur ennui, ils ne tarderaient pas à provoquer entre eux des querelles et à se battre. Avant d'en arriver là, mieux valait trouver un moyen de les occuper, quand ce ne serait qu'à tresser des corbeilles ou des chapeaux.

Naomi était donc seule dans la bibliothèque, fatiguée de suivre sur les carreaux de la fenêtre les chemins pensifs tracés par les gouttes de pluie. Elle avait bien essayé, dans le grand salon, de se distraire en jouant du piano, mais un si bémol complètement désaccordé défigurait tout ce qu'elle entreprenait. C'était à vous faire grincer les dents et Naomi avait refermé le couvercle d'ébène puis cherché à distraire son ennui du côté de la lingerie. Là, sous l'autorité impitoyable de Nénie, Catherine et Thérèse, chiffonnaient des mètres de dentelles et brodaient sur chaque pièce du trousseau le chiffre de la future madame du Gol. Mais la lingerie ne retint pas Naomi très longtemps et elle revint chercher refuge dans la bibliothèque. Pourtant elle connaissait l'énorme quantité d'ennui que pouvaient distiller tous ces vieux livres aux dos de veau chamarré d'or terni. Sur un guéridon traînait un petit volume tout simple, sans reliure ni dorure et dont le contenu, mille fois relu, lui faisait autrement battre le cœur que toutes ces vieilleries. C'étaient les « Méditations poétiques » de Monsieur de Lamartine. Mais ce jour-là, au bout de cinq minutes, le volume lui tomba des mains et resta, méprisé, à demi ouvert sur le tapis. Alors Naomi s'enfonça dans sa bergère de soie Naomi et, ramenant ses pieds sous elle dans la chaleur des jupons, inclina la tête pour la poser entre ses bras repliés et voulut dormir. Mais bientôt des « fourmis » l'obligèrent à retirer ses jambes et ses pieds de leur chaud abri et de déplier ses bras : Le sommeil lui aussi la fuyait dans cette après-midi triste.

« *Que faire ?* »

Elle s'occupa encore au moins cinq minutes à observer sa bague de fiançailles, un gros rubis ovale entouré de diamants très blancs. En mettant sa bague dans un rayon de soleil, Naomi avait appris déjà à en tirer de très beaux effets sanglants. Mais aujourd'hui, l'absence de tout rayon de soleil interdisait ce jeu. Alors Naomi entreprit d'imaginer quels bijoux, colliers, boucles d'oreilles, bracelets, elle trouverait dans sa corbeille de noces avec les dentelles et les châles de soie des Indes qu'il est de coutume pour un jeune mari d'offrir à sa femme. Mais elle avait déjà beaucoup rêvé sur ce sujet les jours précédents et en avait épuisé presque tout l'intérêt. Soudain elle se leva, fit le tour de la pièce et, sans y penser, s'assit devant son petit secrétaire dont elle abaissa la tablette. Une plume traînait sur une étagère intérieure. Naomi la trempa dans l'encrier de porcelaine et commença de tracer sur une feuille de papier une série de mots sans suite. Mais les becs de la plume étaient écartés et crachaient l'encre en salissant le papier.

« *Il me faudrait un petit canif pour retailler ma plume d'oie* », pensa Naomi qui se mit à faire l'inventaire de tous les tiroirs du bureau pour en trouver un.

De canif il n'y avait point. Mais dans le dernier tiroir qu'elle ouvrit, Naomi aperçut un gros cahier à couverture de marocain bleu et fermoir d'argent. Oubliant sa plume, elle extirpa de l'étroit tiroir le volumineux cahier et l'ouvrit au hasard.

*
**

Toutes les pages en étaient vierges à l'exception d'une dizaine, les premières, couvertes de la fine écriture pointue que Naomi avait apprise des demoiselles Philibert.

C'est alors que pour la première fois, Naomi relut d'un trait le récit qu'elle avait fait, un an plus tôt, de sa dernière promenade avec Antoine Dubos. Les dernières lignes portaient des sortes de tâches jaunes, rondes, où l'encre violette semblait s'être délayée... Des larmes ?

Naomi se mit à rêver... Antoine... Après qu'il eut occupé une si grande place dans sa vie de petite fille, il semblait qu'elle l'eut oublié complètement depuis son départ. Lui qui souhaitait tant qu'elle pensât à lui souvent et ne l'oubliât point !

Elle lut encore une fois le récit fidèle et naïf qu'elle avait fait de leur dernière après-midi. Et soudain une évidence, comme un éclair la traversa : Antoine l'aimait. Tous les soins qu'il avait pris en s'en allant pour qu'elle pensât à lui, ce souci de n'être pas oublié, de laisser près d'elle des objets (comme son mouchoir bleu) qui le rappelassent à son souvenir, ses larmes...

Mais non, lui n'avait pas pleuré. Il s'était conduit en homme. Les larmes, c'était elle, Naomi, qui les avait versées. Oh ! Maintenant elle se souvenait bien de cette horrible journée d'adieu, de son désarroi quand il l'avait quittée et de ses larmes en retraçant, comme il le voulait, le récit de leur dernier Jeudi. Antoine, si bon, si chevaleresque, si attentionné, toujours penché sur elle comme un frère aîné. Où était-il maintenant ? Dans qu'elle ville étrangère ? Pensait-il à elle ? Avait-il encore le temps, au milieu de ses études, d'évoquer leurs chevauchées à travers l'île natale ?

Naomi tout à coup éprouve le besoin de partir à Saint-Denis, de revoir Naomi et Antoinette et de leurs demander s'il leur écrivait. Mais la pluie et le vent au dehors menait toujours le même sabbat. Impossible de sortir. C'était un temps à ne mettre dehors ni un nègre, ni un cheval. Son cahier bleu toujours à la main, Naomi vint à la fenêtre et, blottie dans l'embrasure, en regardant la pluie tomber, se mit à chanter.

C'était une très vieille chanson créole qu'Antoine, autrefois, lui avait apprise à chanter. Ils avaient l'habitude de la clamer si souvent pendant leurs promenades que José la connaissait lui aussi par cœur et mêlait quelquefois sa voix aigre à leurs jeunes voix. Les yeux perdus dans le paysage noyé, Naomi chantait. Aux vingt couplets naïfs de la chanson, elle en ajoutait d'autres qui disaient Antoine et tous les jeux de leur enfance.

Sur son visage, les larmes, une à une, traçaient leurs sillons indécis, comme sur les carreaux les gouttes de pluie hésitaient un instant avant de rouler jusqu'à la traverse de bois.

Lorsque vers le soir, profitant d'un léger répit dans la tourmente, Monsieur de la Source rentra chez lui, il trouva sa fille les yeux rougis et la voix si rauque qu'il lui demanda :

- As-tu pris froid, ma chère, par ce temps humide ? Tu as la voix d'une personne enrhumée.

- Non père. Je ne suis pas enrhumée, enrouée seulement, pour avoir passé l'après-midi à chanter.

- A chanter vraiment ? fit Monsieur de la Source ravi et qui oublia aussitôt les yeux rouges de sa fille. A chanter ! Heureuse jeunesse !

Et il s'en alla changer ses vêtements trempés de pluie contre du linge sec.

Ce même soir, assise dans son lit, appuyée aux oreillers, Naomi ne dormait pas. Au dehors, la tempête faisait toujours rage mais elle ne pensait pas à se régaler, blottis sous ses draps, des gémissements du vent et de la toiture dont elle s'était plu, si souvent, à enchanter et terrifier à la fois ses nuits d'enfant. Ses paupières rougies la piquaient, mais elle ne pleurait plus. Les yeux grands ouverts dans la pénombre rendue fantastique par la flamme bondissante de la veilleuse, Naomi réfléchissait à l'incroyable découverte qu'elle venait de faire. Ainsi donc, non seulement Antoine l'aimait sans rien oser dire quand il était parti pour la France, mais elle-même, Naomi, la fiancée de ce pauvre et charmant Casimir, aimait Antoine, le tendre et vaillant chevalier de son enfance.

Naomi savait ce qu'elle devait penser d'une telle situation. De son père aux demoiselles Philibert, en passant par Nénie elle-même, tous ceux qui s'étaient chargés de son éducation, voire même tous les livres qu'elle avait lus lui avaient enseigné qu'il n'est pas d'amours possibles et même qu'il n'est pas d'amours heureuses en dehors du mariage. Et que d'autre part, pour une jeune fille de sa condition, il n'est de mariage possible et de mariage heureux qu'avec un homme du même rang et de la même condition sinon de la même fortune. Casimir possédait toutes les qualités requises. C'était le parti que sa mère eut pu rêver pour Naomi si elle avait vécu. Antoine, lui, n'avait ni fortune, ni rang dans le monde, et même, par sa naissance servile et irrégulière, il eut dû être un objet d'horreur aux yeux de Naomi. Pourtant Naomi l'aimait. Elle en avait éprouvé presque physiquement la certitude, comme une douleur brutale quand, pleurant et chantant auprès de la fenêtre, elle avait soudain évoqué l'image et le souvenir de son fiancé pour chasser sa peine incompréhensible. Oh ! Comme il lui était apparu alors, misérable, et tellement mièvre à côté de l'image si forte et droite d'Antoine. Elle avait cru comprendre que son fiancé était un homme de salon quand Antoine était simplement un homme, que les charmantes qualités de Casimir se situaient à un niveau mondain, quand la droiture et la noblesse d'Antoine prenaient leurs sources de son cœur même. C'était un jugement injuste d'ailleurs. Casimir ne méritait pas une telle disgrâce. Ses qualités d'esprit et de cœur étaient réelles mais l'impression laissée par Antoine dans le cœur de Naomi était trop profonde pour ne pas fausser, peut-être définitivement son jugement.

Cependant Naomi décida de lutter avant de se rendre. Elle cala son dos au milieu des oreillers et entreprit le combat. Au pied de son lit s'accroupissait un fauteuil bas dans la pénombre. Elle y installa en imagination son père et l'attaqua tout de go.

- Père, que penseriez-vous d'une jeune fille qui donnerait sa foi et sa main à un jeune homme quand son cœur et toutes ses pensées seraient voués à un autre ?

Sans hésiter, Naomi mit une réponse dans la bouche de son père :

- Voyons ma fille, explique-toi. A la suite de quelles circonstances cette demoiselle aurait agi de la sorte ?

- Voilà père, Oh ! C'est difficile à dire. Je me suis rendue compte aujourd'hui que Casimir n'occupe dans mes pensées et dans mon cœur qu'une place très réduite auprès de celle qu'y garde un autre.

- Quel autre Naomi ? Parle. Qui as-tu vu aujourd'hui ?

- Je n'ai vu personne père. Je n'ai fait que l'inventaire de mes souvenirs.

Bien qu'il n'y eût qu'une ombre dans le fauteuil auprès du lit et que ce dialogue ne fut que le produit de son imagination, Naomi, comme si elle se fut effectivement trouvée en présence de son père, n'osait prononcer le nom d'Antoine. A la fin, elle se décida et énonça d'un trait :

- C'est Antoine, père. C'est le fils du Docteur Dubos.

- Le misérable, explosa le fantôme de Monsieur de la Source. Ce petit misérable a osé…

- Il n'a rien osé, père, coupa Naomi. Il n'a jamais fait un geste ou dit un mot qui ait pu me causer l'ombre d'une offense.

- Il a bien su pourtant t'exprimer d'une manière ou d'une autre des sentiments… Euh… Disons de tendres sentiments pour que tu t'imagines ainsi brusquement voir clair dans ton propre cœur.

- Non père, vous vous trompez. Antoine est parti depuis un an et… Oh ! Je sais que je dois vous paraître absolument stupide, mais c'est seulement tantôt, en me rappelant quelques souvenirs d'autrefois… que… oui, que j'ai eu brusquement la certitude, oh ! Disons l'impression que jamais un autre ne pourra remplacer le compagnon merveilleux qu'a été pour moi Antoine et pendant si longtemps !

Monsieur de la Source respira :

- Ecoute Naomi, tu es assez grande maintenant pour comprendre certaines choses, commença-t-il en se raclant énergiquement la gorge. Je vais donc te révéler qui est le jeune Antoine et tu mesureras aussitôt ta folie.

- C'est inutile, père, fit Naomi. Je sais que la naissance d'Antoine est entachée, disons d'irrégularité et que sa mère était sans doute une femme de couleur.

Ici Naomi s'accorda un léger répit pour songer à l'extrême étonnement où serait plongé son père s'il l'entendait réellement parler ainsi. Puis aussitôt elle lui rendit la parole pour l'entendre s'exclamer :

- Mais alors Naomi, si toutes ces choses, je ne sais d'ailleurs pas comment, te sont connues, est-il possible que tu éprouves à l'égard de ce malheureux enfant d'autres sentiments que la grande pitié que doivent nous inspirer tous les malheureux qui vivent en dehors des règles de notre religion ?

- Mais Antoine n'a rien fait de mal, père, cria Naomi. Il est…

- Ma petite fille, écoute moi bien. Je ne te parlerai pas du scandale que ferait dans notre petit monde une union entre ma fille et ce jeune homme que j'ai eu la faiblesse de te donner comme compagnon de jeux. Je frémis à l'idée du trouble que pourrait causer un tel exemple dans une société si rigoureusement hiérarchisée qu'est la nôtre à Bourbon ! Mais enfin, je n'insisterai pas sur ce côté qui peut te paraître uniquement mondain et donc, à ton âge, dérisoire. Tu m'écouteras peut-être plus attentivement si je t'affirme, ma petite Naomi, au nom de ma vieille expérience, qu'il n'est de bonheur que dans un mariage « assorti » c'est-à-dire une union fondée, non sur la houle toujours passagère d'une passion, mais sur les assises fermes et inébranlables qu'assurent à deux jeunes époux non seulement une communauté de goûts mais encore, après une éducation semblable, une même foi et une identique façon de réagir aux mille problèmes de l'existence. Et ceci est possible uniquement entre gens issus de milieu sociaux, pour parler comme on parle aujourd'hui, identiques.

Je suis certain d'ailleurs que tous nos amis, que les demoiselles Philibert, que Madame H., te parleraient exactement comme je le fais. Aucun d'entre eux ne saurait raisonnablement être d'un avis contraire.

Ici il y eut une pause qui permit à Naomi de faire entrer dans sa chambre Naomi et Antoinette, Madame H., le Chevalier, Nénie etc... Et tous hochaient la tête, désolés, en contemplant Naomi. Ils faisaient de petites réflexions apitoyées mais abondaient dans le sens où Monsieur de la Source venait de parler.

Puis ils disparurent sur un geste que fit Naomi pour mieux caler son dos contre les coussins et elle se retrouva seule avec son père. Elle plaida jusqu'au matin sans parvenir à l'ébranler. Enfin, sentant que le sommeil malgré tout la gagnait :

- Jamais père, quoi que fasse Antoine, vous ne consentirez à ce que je l'épouse ?

- Jamais, répondit Monsieur de la Source. Jamais et c'est pour ton bonheur.

- C'est bon père. J'épouserai donc Casimir fit Naomi avant de s'endormir.

Le lendemain matin, Naomi pénétra dans le bureau de son père pour une conversation qui fut presque identique à celle imaginée de la nuit. La seule différence fut que Monsieur de la Source, bouleversé, proposa à Naomi de reculer son mariage et même d'envisager une rupture de ses fiançailles avec Casimir.

C'eut peut-être été la sagesse. Mais Naomi, certaine que son père considérait son union avec Casimir comme parfaitement « assortie » et donc promise au plus parfait bonheur, assurée d'autre part qu'il ne pourrait jamais accepter Antoine pour gendre, Naomi ne voulut rien entendre et déclara qu'elle épouserait Casimir et à la date fixée.

« *Les grandes personnes ont toujours raison* » se disait-elle. « *Chaque fois que j'ai voulu mettre en doute les préceptes de mon père pour monter à cheval par exemple, où les conseils de Naomi et Antoinette au piano, ou même quelquefois, il faut bien le dire, ceux de Nénie, la réalité leur a toujours donné raison et infligé une déception à ma désobéissance ou à ma fantaisie. Pourquoi donc mettre en doute leur sagesse dans cette affaire qui engage ma vie entière ? Je me suis bien trouvée, quand j'étais petite fille, d'écouter leurs voix qui m'interdisaient de toucher à ces grosses fleurs blanches dont je sais bien maintenant qu'elles renferment un suc mortel. Pourquoi ne les écouterai-je plus s'ils m'affirment qu'un mariage avec Antoine assurerait son malheur et mon désespoir tandis que l'union projetée avec Casimir doit nous rendre heureux tous deux pour toute la vie !* »

Parfois elle venait même à douter de ses sentiments et de ceux d'Antoine. N'avait-elle pas imaginé tout cela ? Antoine ne rirait-il pas d'elle s'il venait à connaître la place qu'il tenait dans ses pensées ? Elle se sentait cramoisie de la tête aux pieds à l'idée qu'il pourrait rire d'elle et de ses sentiments. Mais au moins l'aimait-elle, cela elle en était sûre et, en s'écartant de sa route, assurait-elle aussi le bonheur de celui qu'elle chérissait. Oui, son mariage avec Casimir, en l'écartant à jamais de la vie d'Antoine, éviterait au jeune homme les humiliations et les chagrins que tout leur petit monde lui ferait subir s'il venait à prétendre à sa main. Et comme Naomi avait reçu une éducation très pieuse, elle se répétait : « *Quant à moi, si contre toutes les prévisions, je dois être malheureuse, j'offrirai à Dieu toutes mes peines en sacrifice pour le bonheur d'Antoine* ».

Telles étaient les dispositions de la jeune fille pendant les semaines qui précédèrent son mariage. Cependant, malgré son application à chasser Antoine de ses pensées, son cœur parfois se serrait brusquement, le nom interdit montait à ses lèvres et ses yeux se remplissaient de larmes. C'était une étrange attitude pour une fiancée heureuse et choyée. Elle aurait scandalisé ceux qui auraient surpris ses larmes. Aussi, pour les dissimuler, Naomi fuyait-elle hors de la maison, soit qu'elle allât cacher sa peine dans un bosquet près de la terrasse, soit qu'elle s'enfuit, montée sur Clarté, par les sentiers oubliés d'anciennes promenades. Et invariablement, dans ces instants d'émotion intense, Naomi se mettait à chanter une des vieilles chansons, toujours les mêmes, qu'Antoine autrefois lui avait apprises.

Alors, ceux qui s'étonnaient parfois de ces départs souvent précipités en entendant s'élever sa voix un peu voilée d'abord, puis plus ferme, souriaient en hochant la tête devant ce qu'ils prenaient pour l'expression du bonheur.

Comment auraient-ils pu deviner que Naomi ne chantait que lorsque son cœur débordait de chagrin ?

*
**

Les semaines passèrent et le matin du mariage se leva dans un ciel éclatant. Comme elle l'avait si souvent imaginé, Naomi se vit revêtir la robe de mariée de sa mère, toute couverte de volants de dentelle. Mais elle agissait comme en rêve, rien autour d'elle ne lui semblait réel. En entrant dans la cathédrale illuminée et toute embaumée de fleurs, elle dut se pendre au bras de son père pour ne pas s'évanouir. Elle venait brusquement de prendre conscience de ce qui rendait toute chose tellement irréelle autour d'elle : Une attente, une attente de son être tout entier vers un seul être : Antoine. Depuis que Nénie était entrée dans sa chambre avec le plateau du chocolat matinal, elle attendait Antoine, Antoine qui dénouerait d'un seul coup le cercle infernal et l'emmènerait avec lui.

*
**

Chaque instant qui passait rendait son arrivée plus improbable et pourtant Naomi espérait. Cet espoir fut comme une poutre où se raccrocher dans la dérive d'un naufrage et Naomi y trouva la force de relever la tête et de franchir plus fermement les quelques mètres de tapis rouge qui la conduisaient à son prie-Dieu au pied de l'autel. Elle y puisa même assez de force pour que le sang revienne à ses joues et lui donne le visage animé qu'on attend d'une heureuse épousée.

Elle s'agenouilla à sa place et Casimir vint auprès d'elle. Mais elle ne put s'abîmer en prières. La tête haute, tournée comme il convenait vers l'autel, alors que toute son attention était braquée vers ce qui se passait dans son dos, Naomi cherchait désespérément, au milieu du brouhaha poli des invités qui s'asseyaient à leurs bancs, de deviner le tumulte provoqué par Antoine s'avançant à grands pas à travers la foule pour l'enlever à cette comédie. Mais les minutes passaient et rien ne se produisait. Etait-il possible qu'Antoine n'eut pas eu vent, jusqu'en France, de ce mariage projeté ? Etait-il possible qu'il ne se fut pas aussitôt mis en route pour reprendre celle qui lui appartenait ? Naomi espérait toujours. Ses main, l'une dans l'autre, se serraient si fort que les jointures blanchissaient et ses ongles griffaient sa peau jusqu'au sang. La tension où elle était montée à son comble au moment où Monseigneur, en étole dorée et surplis de dentelle, vint s'assoir devant elle sur un fauteuil de velours incarnat.

En souriant il prononçait les paroles rituelles :

- Marie, Victoire, Naomi, voulez-vous prendre pour époux...

Alors d'un seul coup, la tension se relâcha et Naomi, qui n'était que fer et acier, prête à bondir la minute précédente, sentit soudain son cœur se vider et ses jambes devenir de coton. Du même coup elle retrouva ses manières, héritées de siècles de civilisation et, se tournant vers l'assistance, fit devant son père une petite révérence, lui demandant ainsi, en fille soumise, une dernière fois, son consentement. En même temps, en un éclair, ses yeux firent le tour de l'assistance, la scrutèrent... Mais il n'y avait pas d'Antoine en vue. Alors, se retournant lentement vers l'évêque, les yeux pleins de larmes, elle répondit :

- Oui.

Puis elle s'abîma dans l'attitude de la prière, le visage enfoui dans les mains et ne releva la tête qu'à la fin de la cérémonie.

Son visage était sec, bien que ses yeux fussent rouges. Elle s'était jurée de ne plus jamais laisser Antoine franchir le seuil de ses pensées. Pourtant il resta près d'elle, tout au long de la journée, parmi la foule des invités qui se pressaient dans les salons et les jardins de Saint Hippolyte. Son regard le cherchait dans l'ombre de la « salle verte » dressée sous la véranda. Malgré le oui prononcé, malgré la cérémonie, les invités réjouis et l'anneau d'or épais à son doigt, l'espoir du matin ne voulait pas mourir. Elle redressait encore timidement la tête à chaque roulement de voiture, à l'arrivée de chaque cavalier dans l'avenue. Mais la journée passa toute entière sans que rien ne survint.

Vers le soir, toute la société se retira chez des voisins de campagne qui offraient un bal aux jeunes mariés. Naomi y fit une courte apparition au bras de Casimir, puis ils disparurent vers la mi- nuit. Dans la maison, plus dévastée par les traces de la fête que par un ouragan, César attendait ses jeunes maîtres, un flambeau à la main, et les conduisit à la chambre préparée pour eux. Et là, les dents serrées sur un nom interdit, Naomi laissa consommer la mort de ses espérances.

CHAPITRE VI

L'enterrement

꧁꧂

Les porteurs du filanzane, huit forts malgaches à demi nus, chantaient à pleine gorge pour garder la cadence. Deux seulement étaient attelés à l'étroit palanquin. Les autres trottaient à côté d'eux, en attendant leur tour de relève. Parfois le chant faiblissait et pendant quelques minutes, seul le bruyant murmure des oiseaux et des insectes éclaboussait de trilles le silence de la forêt. Puis une voix reprenait, basse, et une nouvelle chanson couvrait à nouveau le chant des bois. Protégée du soleil par un tendelet à franges et des rideaux de toile verte, Naomi était seule dans le palanquin. Chaque fois que les chants faiblissaient, les porteurs perdaient le rythme de la marche et, jusqu'au chant suivant, elle était ballotée désagréablement sur son siège. Cependant elle ne disait rien, remplie de pitié devant l'effort qu'ils accomplissaient sous la chaleur. Elle n'osait leur dire de se hâter. Elle savait qu'ils étaient aussi rapides que possible. Mais sa personne toute entière n'était qu'un désir et qu'un souhait : « *Plus vite, plus vite* ». On avait quitté le chemin qui suit la côte et le sentier, maintenant, grimpait en serpentant sous les bois. La pente devenait plus rude à chaque pas et la cadence de la marche ralentissait. Naomi regarda le soleil haut dans le ciel et renouvela sa prière : « *Mon Dieu, faites que nous arrivions avant la nuit* ».

Vers midi les porteurs s'arrêtèrent dans une petite clairière parsemée de ravenalas. Avec leurs couteaux, ils firent chacun une incision à la naissance des larges feuilles en éventail et, appliquant leurs lèvres aux lèvres vertes de la blessure végétale, aspirèrent d'un long trait l'eau fade et légèrement écœurante emmagasinés dans les côtes épaisses des feuilles. Naomi refusa de boire ou de manger quoi que ce soit. Un peu à l'écart, elle s'assit dans l'herbe, adossée au tronc lisse d'un arbre à pain pendant que, sur un petit feu, les hommes en faisaient griller les fruits murs coupés en larges tranches. L'un des plus jeunes, après s'être écarté un moment, revint près d'elle offrant sur un lit de feuilles vertes une petite pyramide de framboises Sandrines. Naomi sourit en le remerciant, touchée de cette attention naïve. Cependant elle dut faire un effort pour avaler quelques fruits tant sa gorge était serrée sur son angoisse.

Après une heure de halte, on repartit. La chaleur était tendue sur le ciel comme un dais de plomb. Mais on commençait à descendre sur l'autre versant de la montagne et Naomi reprenait l'espoir d'arriver avant qu'il fut trop tard.

Depuis deux ans qu'elle était mariée, Naomi revenait pour la première fois dans la maison de son père. Deux ans déjà. Tout ce temps passé pendant lequel elle aurait pu le soigner et l'entourer de sa tendresse. Naomi mordait ses poings de rage et d'impatience. Pourvu au moins qu'il ne soit pas trop tard et qu'elle arrive avant la fin. Hier soir, un courrier était accouru au Gol, bride abattue, alors que la nuit était déjà tombée. Il avait remis à Naomi un pli du Docteur Dubos la réclamant d'urgence au chevet de son père, brusquement frappé d'une attaque. Elle aurait voulu partir aussitôt, sauter en selle et galoper vers Saint Hippolyte, mais il avait bien fallu attendre le jour et, au lieu de cheval, se contenter d'un filanzane puisque, la petite Frédérique atteignant tout juste un mois, elle relevait à peine de ses couches. Et au milieu de cette inquiétude mortelle, pas même un bras masculin où s'appuyer. Casimir depuis trois jours voguait vers l'île de France située à quelques milles sous le vent. Il était parti avec le projet d'étudier sur place une nouvelle machine à vapeur anglaise dont on vantait le rendement dans les usines sucrières de l'île voisine. Naomi s'était donc mise en route à l'aube, mais seule. Nénie, le bébé, sa nourrice, suivraient plus tard en voiture.

Par instants, lorsque l'on arrivait sur une crête, elle apercevait les vertes découpures de la côte incrustées dans l'étincelante flaque bleue de la mer, ou bien, si l'on restait sous le couvert, c'était le bleu du ciel rendu plus profond d'être entrevu à travers les sombres entrelacs des palmes et des branches. Les oiseaux, les grillons, les cigales, à pleine voix célébraient la beauté du jour. Mais Naomi y restait insensible et guettait seulement les premiers signes avant-coureurs du crépuscule.

Enfin, comme l'on passait sur de grosses pierres grises le lit desséché d'une rivière, Naomi reconnut brusquement la ravine à chèvres et sut qu'elle approchait de Saint Hippolyte.

Elle joignit les mains priant le ciel de lui conserver son père et pourtant, lorsqu'elle mit pied à terre devant le perron, la foule des esclaves réunis, silencieux et tragiques sur la terrasse, lui apprit, mieux encore que les phrases malhabiles du commandeur, qu'elle était arrivée trop tard.

*
**

Dans la cathédrale, la chaleur était insupportable et rendue plus lourde encore, semblait-il, par les sombres draperies noires qui tombaient des voutes en masquant les piliers. La musique solennelle et grave déversée par les orgues, la vapeur lourde et trop parfumée s'exhalant des montagnes de fleurs et les flammes des cierges immobiles dans l'air épais, tout contribuait à rendre plus accablante encore l'insupportable température. Naomi, dévorée de chagrin, et pourtant droite, se tenait seule dans le banc de la famille. Mais derrière elle, l'église débordait, pleine à craquer d'une foule d'amis et d'esclaves venus accompagner leur maître à sa dernière demeure. A tous les rangs, des éventails palpitaient, ailes noires essayant vainement de chasser l'écrasante moiteur. Seule Naomi, immobile et raide, ne bougeait pas. A travers le crêpe noir des voiles, ses yeux pleins de larmes restaient rivés sur le cercueil immense, monté sur deux tréteaux de bois couvert lui aussi d'un drap noir aux larmes d'argent. Dans quelques instants, quand prendrait fin la tempête des orgues et la psalmodie des prières, ces restes si chers, encore tout proche d'elle, lui seraient à jamais ravis, emprisonnés sous une pierre hostile et froide.

« Oh *père, père, que me restera-t-il quand je vous aurai perdu ?* » pleurait Naomi

Le catafalque était placé tout en haut de la nef principale, au milieu de l'allée centrale, et Naomi remarqua soudain qu'il occupait la place où elle était le jour de son mariage. Elle revit la haute silhouette devant qui elle avait exécuté sa dernière révérence de jeune fille, demandant ainsi une dernière fois à son père son consentement avant de prononcer elle-même le « oui » qui la lierait. Qu'il était beau ce jour-là dans sa redingote gris perle et son pantalon à sous-pied ! Naomi revoyait nettement les petites fleurs d'un gris argent qui parsemaient le satin bleu de son gilet croisé. Il lui avait fait un petit sourire avec un clin d'œil triste en la voyant plonger devant lui. Mais il avait paru trouver naturelles les larmes qui brillaient dans ses yeux et n'avait pas soupçonné la détresse de sa fille. Et le voilà qui gisait, mort, à cette même place d'où Naomi, deux ans plus tôt, avait si désespérément souhaité qu'Antoine vînt l'arracher. Antoine ! Malgré ses résolutions, elle n'avait pu en chasser le souvenir de son cœur et finalement, sa conscience s'était apaisée et n'éprouvait plus qu'un léger remords quand chaque soir, avant de s'endormir, c'était ce nom qui sur ses lèvres fleurissait comme un dernier sourire. Mais jamais il ne franchissait la limite de ses lèvres, jamais elle n'avait osé s'enquérir d'Antoine ni auprès du Docteur, ni auprès des vieilles filles institutrices. Elle igNaomiit même s'il était revenu dans l'île. Le canton « sous le vent » où était situé le Gol, entretenait d'ailleurs peu de communications avec l'autre versant de l'île où s'était écoulée son enfance. On y boudait surtout Saint-Denis, nouvelle capitale à qui les habitants de ce côté-ci ne pardonnaient pas d'avoir évincé dans ce rôle leur ravissant petit chef-lieu de Saint Pierre. Ainsi, le charmant et triste souvenir d'Antoine, toujours présent à sa mémoire, devenait plus vague, plus irréel et ne s'appuyant plus sur aucune précision, perdait peu à peu ses couleurs comme ces portraits d'êtres chers qui, à force d'être pressés sur des lèvres, pâlissent jusqu'à n'être plus qu'une image incertaine, floue, terne.

Un bras se glisse sous celui de Naomi. Perdue dans ses pensées, elle n'avait pas remarqué la sortie du clergé ni l'écoulement derrière elle de la foule sur le parvis. Maintenant on l'attendait au dehors pour prendre la tête du cortège qui accompagnerait son père au cimetière et c'était le Chevalier de Parny, ce fidèle ami, qui venait de prendre sa main pour la conduire jusqu'à la calèche. Mais les yeux qu'elle tourna vers lui étaient si égarés, si tragiques, qu'il décida de monter avec elle dans la voiture et ne la quitta que lorsque la foule commença de s'éparpiller après l'inhumation. Naomi était restée en voiture à l'ombre d'un letchi immense et suivait de loin les dernières péripéties de ces tristes devoirs. La capote de la calèche était relevée contre le soleil et Naomi, ensevelie sous ses voiles, n'était qu'une masse plus sombre dans l'obscurité de la voiture. Un à un, tous les hommes défilaient devant elle et s'inclinaient profondément, découverts, en murmurant quelques mots de condoléances. Ce furent d'abord tous les amis de son père, leurs connaissances, puis le petit peuple de la ville, les fournisseurs, et enfin défilèrent les esclaves tous dans leurs habits du dimanche. Et comme ceux-là ne savaient pas de mots pour dire leur peine et leur dévouement, Naomi déganta l'une de ses petites mains et silencieusement, l'un après l'autre, ils la baisèrent.

Le dernier noir, venait de laisser retomber cette main si blanche dans les sombres plis de la jupe, quand elle fut à nouveau saisie et portée à d'autres lèvres. Mais le nouveau venu n'était pas un esclave. Pourtant il lui baisait la main comme n'avaient pas osé le faire les amis et avec plus de passion que n'en avaient montré les pauvres noirs. L'homme tenait dans les siennes la main de Naomi et par ce contact, elle le sentit agité d'un tel tremblement qu'elle leva les yeux cherchant à distinguer qui était cet ami inconnu et si troublé. Mais elle ne reconnaissait pas cette haute silhouette sombre, d'une élégance sobre, cette stature puissante, ce port noble d'une tête fine et brune. Les voiles de crêpe l'empêchaient de distinguer les traits de l'ami inconnu. Alors il parla :

- Naomi,... Madame, la peine qui vous afflige, du fond du cœur, je la fais mienne.

Et presque aussitôt Naomi, dans un cri, identifia l'inconnu :

- Antoine !

Et ce fut un si vif, un si clair appel, que José, impassible jusque-là sur son siège de cocher, se retourna et leur jeta un regard stupéfait et vaguement scandalisé. Alors Antoine se pencha vivement à l'intérieur de la voiture et dit à voix basse :

- Me permettez-vous, Naomi, de vous faire une visite à Saint Hippolyte ?

93

Puis il s'éloigna à grands pas dans le soleil et Naomi qui n'avait pas eu le temps de répondre, demeura seule au milieu des tombes.

Mais il avait promis sa visite. Elle l'attendrait.

*
**

Il vint en effet huit jours plus tard et, en entendant son cheval remonter lentement l'avenue au pas, Naomi, soudain éperdue, désira fuir la varangue où elle se tenait pour se cacher dans la maison. Mais quand elle voulut quitter le fauteuil de paille, ses jambes refusèrent de la porter et elle dut rester, clouée d'angoisse, les yeux fixés sur celui qui s'avançait dans la lumière, monté sur un alezan magnifique qui dansait au pas comme à la parade. Il franchit les degrés du perron avant qu'elle ait pu se ressaisir et il la saluait :

- Madame, pardonnez-moi de troubler ainsi votre deuil... J'ai pensé que notre ancienne amitié, Naomi, m'autorisait à vous revoir une dernière fois avant de repartir.

Alors elle retrouva soudain ses jambes et sa voix mais une autre voix, étrangement basse et voilée, pour s'écrier en se levant brusquement :

- Repartir, Antoine... Vous voulez déjà repartir, mais depuis quand êtes-vous revenu ?

- Quelques semaines à peine et je reprendrai, vers l'Europe, le même navire qui m'a amené dans l'île.

Il tenait ses mains dans les siennes et la regardait, si petite dans tout ce noir, le visage levé vers lui. Il continua :

- Voyez-vous, Naomi, j'étais venu chercher ici quelque chose que je n'ai pas retrouvé, que ne retrouverai jamais. Aussi vais-je repartir… Ce pays-ci n'est pas encore pour les gens de ma sorte. Car je suis un étranger partout, mais un paria sur la terre qui m'a vu naître.

- Antoine…

Naomi baissait la tête ne sachant que répondre mais, à un mouvement d'Antoine, elle comprit qu'il allait prendre congé. Elle ne voulait pas le perdre déjà… et, pour le retenir, sans réfléchir, elle proposa :

- Antoine, écoutez, j'ai tant pensé… je n'ai pas oublié… oh ne partez pas encore… je voudrais vous expliquer…

Son désarroi était si visible qu'Antoine eut pitié et, sans dire un mot, la guida, à travers la terrasse, vers une petite allée qui montait sous-bois vers les premières pentes de la montagne. Il marchait vite, le premier, sur la sente herbue. Elle trébuchait derrière lui, maudissant les talons de ses mules de satin. Et comme Antoine, sans souci d'elle, franchissait d'un bond une souche en travers du chemin, découragée, elle s'assit sur le tronc coupé et regarda son étrange compagnon s'enfoncer dans les bois. Mais il revint bientôt sur ses pas et, debout devant elle, silencieux, il la regardait.

« Ah ! Comme elle était bien demeurée telle qu'il l'avait laissée. C'est à peine si la courbe de ses joues était un peu moins

95

pleine. Elle avait toujours, sous les bandeaux brillants, ce visage mince à l'ovale si pur qu'on est, malgré soi, tenté d'en saisir dans les mains la forme parfaite. Mais plus encore qu'autrefois, elle est inaccessible ma princesse lointaine, elle n'est plus seulement l'une des plus riches jeunes filles de l'île, elle est maintenant la femme d'un autre… Je l'ai perdue pour toujours ! Ah ! Au moins faut-il lui montrer qu'on est un homme » :

- Naomi… Il n'y a plus rien à dire et je ne veux à aucun prix troubler la sérénité de votre cœur. Mais au moins, avant que je reparte, dites-moi que vous êtes heureuse, Naomi… Dites-moi que ce pli amer au coin de vos lèvres n'est là que sous l'effet de la tristesse de votre deuil… Que ce n'est pas la vie qui vous a déçue ?... Naomi…

Mais au lieu de répondre, elle détournait la tête. Puis, en hésitant :

- Vous souvenez-vous, Antoine…

- Je me souviens de tout, Naomi, l'interrompit-il, des Jeudis, des baignades, des promenades, des chansons, de tous vos mots, de tous vos gestes. Pendant trois ans j'ai vécu, je me suis nourri de ces souvenirs. Mais aujourd'hui, ne jouons pas à ce jeu dangereux des « souviens-toi », non, n'y jouons pas. A quoi bon ? Votre vie, Naomi, doit être devant vous, brillante de promesses. Non derrière. Vous devez marcher en regardant droit l'avenir, avec confiance, non la tête tournée en arrière, avançant malgré vous… Pour moi, j'ai trop tourné la tête, j'ai refusé de regarder en face de moi, je n'ai pu détacher mes regards des chères images de mes souvenirs. Et je suis puni…

Et je dois maintenant repartir seul. Adieu Naomi ; Adieu et soyez heureuse.

- Antoine, Antoine... Sa voix se brisait dans son appel.

Mais il fuyait sous les bois et Naomi trébuchait encore sur les racines du sentier tandis qu'il sautait en selle et disparaissait au galop dans le soleil couchant.

Cette nuit-là, elle ne put dormir. A son oreiller de dentelle, inondé de larmes, elle confia tout ce qu'elle n'avait pas osé dire au visiteur. Dans son désarroi, elle gémissait et prononçait à voix haute de brûlantes paroles d'amour qui n'avaient jamais franchi ses lèvres jusqu'ici. Elle se retournait et soupirait, imaginait des caresses insensées qui la faisaient se pâmer, tordait son corps en arc et retombait, épuisée, dolente, parmi les lingeries en désordre... Puis elle pleurait, joignait les mains, ne pouvait s'endormir...

Et cette nuit solitaire fut la première nuit d'amour de Naomi.

CHAPITRE VII

Antoine

᷂

Il y avait loin de la cour des Messageries à la rue des Feuillantines et Antoine, fatigué d'avoir porté jusque-là son bagage de tapisserie, retint mal un juron, quand sur le seuil du n° 11 il fut presque bousculé par un chasseur de la garde qui sortait en trombe au moment où il entrait dans la maison. Presque aussitôt il se heurta, dans l'obscurité du couloir, à une petite forme en cotillon rayé et coiffe de linon. « *Ah ! Ah !* sourit-il malgré sa fatigue, *est-ce Rosine ou Madelon qui aura été séduite par le bonnet à poil à gland d'or, le dolman vert, le pantalon jaune et la pelisse écarlate à fourrure noire des gardes ?* » Il allongea un bras et saisit par un pan de sa jupe la petite qui s'enfonçait dans l'obscurité du corridor. Elle ne l'avait pas vu entrer dans la maison et poussa un cri :

- Lâchez-moi, voyons !

Mais à ce moment-là elle reconnut l'étudiant qui avait habité pendant deux ans une mansarde du 4ème étage. Pendant deux ans, elle était montée chaque jour dans cette chambre pour mettre un peu d'ordre et balayer le carrelage. Elle chantait en faisant le lit où en secouant les rideaux de toile, mais jamais l'étudiant sage ne levait le nez des livres où il était plongé. Il la remerciait poliment et, fidèlement, chaque quinzaine payait son écot à Madame Ledu, la mère de Rosine, qui louait la chambre. Petit à petit pourtant, on était parvenu à dérider un peu ce beau jeune homme mystérieux et parfois, le dimanche, il partageait le repas familial dans la petite salle à manger des Ledu. Il parlait à Rosine et à sa mère de son pays qui était si lointain qu'on n'en disait rien sur les atlas. Ou du moins, ni Rosine, ni Madeleine sa cousine, n'avaient pu en retrouver la trace dans le leur. Madeleine était une petite cousine orpheline que Madame Ledu avait recueillie et élevée par charité. On l'avait placée comme repasseuse dans une boutique de la rue et Rosine faisait quelques ménages dans la maison. C'étaient deux fraîches petites parisiennes de seize ans, à l'œil vif et que le voisinage de l'étudiant avait jetées dans des transes. Mais c'était Rosine qui avait l'avantage de monter chaque jour dans la mansarde et d'approcher le jeune homme ; Et elle n'aurait pas cédé sa place pour un boulet de canon malgré la persévérante et incompréhensible froideur du bel étranger. Cependant, à 16 ans, et surtout à Paris, on ne peut éternellement brûler solitaire. Aussi, pendant qu'Antoine était reparti pour quelques mois dans son île lointaine, le chasseur de la garde avait-il fait le siège et apparemment conquis cette jeune beauté. On apprit tout ceci au revenant quand, avec des cris de joie, Rosine l'eut reconnu et poussé d'autorité dans la loge de Madame Ledu. Tandis que les trois femmes s'affairaient à lui préparer un souper, les questions s'entrecroisaient, fusaient de tous les coins de la pièce, l'excitation, la joie de retrouver leur locataire favori les empêchant de remarquer sa pâleur et cet air étrangement lointain et triste qui habitait maintenant le regard autrefois si chaleureux de l'étudiant. Il était tard quand Madame Ledu fit taire son monde et obligea son locataire à monter se coucher, ce qu'il fit avec une étrange sensation de détresse et de sécurité à la fois, désespéré de se retrouver de nouveau étranger dans cette ville étrangère et heureux tout de même de l'affection dont l'entouraient ces humbles et charitables amies.

*
**

Antoine reprit donc sa vie studieuse, mais ce fut désormais Madelon qui fut chargée de son ménage. Rosine étouffa un regret quand elle vit sa cousine partir, le premier matin, avec son balai. Mais Madame Ledu en avait décidé ainsi. Il ne fallait pas risquer d'indisposer un garde qui avait si manifestement d'honnêtes intentions en plus d'un si bel uniforme.

Madelon aussi fredonnait en époussetant. Mais il arrivait souvent, quand son travail ne la réclamait pas trop vite à l'atelier de repassage, qu'elle s'assît cinq minutes à la table du jeune homme, ouvrît un de ses livres, en face de lui, et cherchât, la tête dans les mains, à en déchiffrer les caractères. Finalement, les efforts qu'elle faisait attendrirent l'étudiant qui entreprit de lui apprendre à lire. Elle y mit tant d'application que ce fut vite fait et bientôt elle put acheter et lire ces petits romans à cinq sous que l'on vendait un peu partout à la sauvette, et où Monsieur Alexandre Dumas distillait avec art tout le romantisme de l'époque.

Une intimité finit par s'établir entre la fraîche élève et son beau professeur. Il faut bien dire que Madelon devint la maîtresse d'Antoine et Madame Ledu, en fin de compte, ne trouva rien à redire à ce que sa nièce couchât désormais au quatrième, cet état de choses permettant à Rosine et son garde, qu'elle venait d'épouser, de s'installer plus confortablement dans l'étroit logement. Madelon était heureuse malgré la précarité de sa condition. Heureuse quand elle sortait le dimanche au bras de son amant, de promener sur les boulevards le plus beau garçon de Paris. Parfois il l'emmenait le long des quais tout animés du va et vient des chalands, des cris des bateliers et du claquement des fouets qui font avancer lentement de lourds chevaux le long du chemin de halage. Ou bien, ils allaient au jardin des plantes et c'était toute une expédition. Mais le spectacle de la girafe à qui l'on servait son repas à la hauteur d'un premier étage, valait bien qu'on se lève de bonne heure pour prendre une des voitures de Monsieur Omnès et qu'on ne rentrât qu'au soir à la maison, après un déjeuner sur l'herbe. Ou bien encore, ils partaient en bande, d'autres étudiants se joignaient avec leurs amies. Ils louaient une voiture à âne et s'en allaient au printemps cueillir les framboises de Bagnolet ou les cerises de Montmorency. L'après-midi, on dansait à la guinguette proche, on s'essayait à la valse allemande qui faisait pousser des hauts cris aux matrones et se pâmer les demoiselles qu'enserrait le bras puissant d'un cavalier.

Il régnait autour d'eux une atmosphère de gaité et Madelon, innocemment, profitait au jour le jour de son bonheur. Pourtant, comme elle le savait menacé ! Que de fois elle surprenait son amant, le regard perdu et les yeux larmoyants. Ces jours-là, elle savait qu'il lui fallait se faire toute petite, tacher qu'on l'oublie, qu'on lui pardonne de n'être pas une autre. Elle aurait voulu qu'il lui parlât de cette autre, elle aurait voulu connaître cette inconnue mystérieuse qui mettait des larmes aux yeux de son amant. Elle se disait naïvement qu'elle aurait pu essayer de lui ressembler. Mais Antoine, ces jours-là, devenait muet et sombre. Il se jetait avec frénésie à son travail et n'en sortait, épuisé, qu'au milieu de la nuit, alors que Madelon dormait déjà depuis longtemps derrière les rideaux sagement croisés du lit bateau.

Ainsi passèrent encore quelques années d'études. Puis Antoine obtint son diplôme de médecin et reprit sans enthousiasme la route de Lorient où il trouverait un bateau pour l'île Bourbon. Dans toutes ses lettres, le vieux Docteur Dubos suppliait son fils de venir prendre sa place à Saint-Denis. Il se sentait malade, trop âgé pour ce métier fatiguant et souhaitait se décharger sur les épaules de son fils d'une partie de ses soucis. Les nouvelles que le vieux médecin envoyait à son fils étaient le reflet des préoccupations du vieil homme, de plus en plus misanthrope à mesure qu'il avançait dans l'âge. Ainsi Antoine savait-il fort exactement, à chaque courrier, de combien de pièces rares s'était encore enrichie la collection de papillon du Docteur, il fut tenu soigneusement au courant du nombre et de la couleur des petits chiots que mettait au monde, régulièrement, sa chienne Panka, on lui fit une

103

chronique assez fidèle de l'état du ciel à chaque saison des cyclones, de l'abondance des récoltes, il put suivre la naissance et le développement d'un parasite qui faillit bien ruiner les cannes à sucre en 1836. Les recherches que l'on fit pour trouver un remède au fléau lui furent contées par le menu, on lui découvrit les paysages tour à tour sublimes ou horrifiques du chemin qui mène à Cilaos où l'on venait de découvrir des eaux sulfureuses. Mais, habitué à se taire par conscience professionnelle au sujet de ses patients, tenu d'autre part un peu à l'écart d'une petite société dont il avait osé quelques fois enfreindre les lois, le vieux Docteur, en dehors de ses malades, ne se souciait peu de ses semblables et ne pensait pas à faire à son fils la chronique mondaine de l'île. Antoine igNaomiit donc à peu près tout ce qui concernait ses anciens compatriotes en général et, de Naomi en particulier, il n'avait jamais reçu la moindre nouvelle depuis qu'il l'avait revue après l'enterrement de Monsieur de la Source.

Antoine fit donc ses adieux à Madame Ledu, à Rosine, embrassa Madelon désespérée, et monta une fois encore dans la diligence de Rennes où il trouverait une correspondance pour Lorient. Mais cette fois, il n'y avait aucun espoir dans son cœur tandis qu'il s'embarquait pour son lointain voyage, il savait qu'à Saint-Denis, malgré son diplôme tout neuf, il ne serait jamais qu'un « sang mêlé » que chacun mépriserait et il croyait que là-bas, aucune femme ne l'attendait plus.

A bord du bateau, Antoine eut à partager sa chambre avec un de ses confrères. C'était un homme d'une cinquantaine d'années, petit et fort, le cheveu gris et rare, des yeux énormes qui semblaient prêts à sortir de leurs orbites, la voix rauque et le parler rude avec un fort accent méridional. Antoine apprit qu'il avait perdu en quelques semaines une femme et une fille tendrement chéries. Jusque-là, ce brave homme avait mené dans sa province une vie confortable et heureuse de médecin de campagne. Mais son double deuil avait brusquement désorienté sa destinée et il avait sollicité et obtenu une place de chirurgien à Pondichéry où le navire se rendait aussi. Là-bas sévissait une épidémie de choléra et il espérait à la fois se rendre utile et oublier dans son travail les chagrins qu'il venait de subir.

A l'escale de Fort Dauphin, le commandant du navire trouva des lettres lui mandant de prendre sur place tous les rafraîchissements qui lui seraient nécessaires et de faire route aussitôt que possible vers Pondichéry. Un des médecins de la colonie venait de succomber à l'épidémie et la présence de celui qu'il avait à son bord devenait d'une cruelle urgence. Il devait donc débarquer à Fort Dauphin les passagers pour l'île Bourbon et se diriger sur Pondichéry sans faire d'autres escales aux Mascareignes. Les passagers débarqués y trouveraient un autre navire qui les emmènerait à Bourbon.

En apprenant ces nouvelles, Antoine décida brusquement d'aller à Pondichéry offrir ses services pendant l'épidémie. Lui aussi avait perdu ce qu'il aimait. Lui aussi avait besoin d'oublier.

CHAPITRE VIII
Le Gol

❧

Quelques jours après son mariage, les préparatifs de son départ avaient procuré à Naomi une heureuse diversion. Avec l'insouciance de son âge et de son tempérament créole, elle s'était dit qu'après tout, les nuits avec Casimir ne seraient qu'un mauvais moment à passer, que le soleil se lèverait quand même chaque matin, et que la vie nouvelle qui l'attendait au Gol, de l'autre côté de l'île, lui réservait sans doute encore bien des surprises et des agréments.

Aussi avait-elle quitté sans trop de peine Saint Hippolyte et son père, déjà réjouie à l'idée du voyage qui durerait toute la journée pour passer de l'autre côté de la montagne. Elle s'était amusée de sa nouvelle condition de jeune femme qui lui donnait encore plus d'autorité sur les esclaves, de se promener dans l'élégant attelage de son jeune mari et de traverser, en cet équipage, Saint-Denis écrasé de chaleur. Lorsqu'on s'arrêta vers les 11 heures et que, sur un tapis de mousse, on eut disposé une nappe immaculée et les couverts d'argent que contenait la bourriche du déjeuner, elle voulut plonger elle-même le couteau à découper dans le cœur doré d'un énorme pâté en croute et s'étrangla de joie devant

107

les efforts maladroits de Casimir qui se débattait, fourchette et couteau en mains, avec une aile de poulet où il n'osait, comme elle, planter carrément les dents.

Cependant, on approchait du Gol et Naomi sentait croître sa curiosité pour cette demeure où elle allait vivre et qu'elle ne connaissait pas encore. La nuit tombait et se piquait déjà de maints petits falots tremblants, allumés un peu partout au creux d'un arbre mort ou dans une fente de roc où la piété populaire avait placé quelque pieuse image devant qui, chaque soir, on allumait une mince chandelle. Casimir se sentait heureux à mesure que l'on approchait, se retrouvant chez lui dans un quartier où le moindre rocher, le plus maigre buisson lui rendait un souvenir d'enfance. Il était convaincu d'adorer cette épouse ravissante qu'il ramenait fièrement chez lui et pourtant, plus s'amenuisait la distance qui les séparait du Gol, plus il lui semblait rajeunir et se détacher d'elle. Il sentait confusément qu'ici, elle était une étrangère et, inconsciemment, lui en voulait de n'être pas depuis toujours partie intégrante de son petit monde. La pensée qu'il allait bientôt retrouver sa mère, le réconfortait. Il se déchargerait sur elle du soin d'initier sa jeune épouse à son nouveau monde. Celle-ci, près de lui, se sentait un peu angoissée en approchant du terme de son voyage. Elle aurait bien quêté un peu de tendresse auprès de son mari, mais il paraissait brusquement devenu lointain, inaccessible et semblait ne pas voir la petite main posée sur son bras.

Enfin l'on prit une avenue à flanc de coteau, sous la voute obscure des arbres, rayée par le vol clignotant de lucioles. Des noirs commencèrent à crier des souhaits de bienvenue et à lancer des fleurs à Naomi qui les sentait tomber mollement sur sa robe dans l'obscurité. Puis la maison apparut, toute illuminée, une grande maison créole bâtie sur le même plan que presque toutes les maisons de l'île, avec son toit de bardeaux et les colonnettes grêles de ses varangues.

Madame du Gol, imposante et sanglée de soie brune, serra sa belle-fille sur son cœur et sa moustache en disant de sa voix masculine :

- Soyez la bienvenue, Naomi, voici Agnès, la sœur de votre mari.

Et Naomi sentit son cœur déborder de pitié car Agnès, qui n'était pas venu au mariage de son frère, était tassée, infirme, dans un fauteuil à roulettes. Elle se pencha et voulut donner un baiser à sa belle-sœur, mais celle-ci, d'une impulsion des mains sur les roues, la fit vivement reculer et Naomi, décontenancée, se trouva penchée au-dessus du vide, la bouche arrondie prête à donner un baiser dont on ne voulait pas. Heureusement Casimir la prit par le bras, impatient de la conduire dans son appartement.

Celui-ci venait d'être entièrement décoré de neuf à l'usage des jeunes époux et cette installation, au dernier goût parisien du jour, différait tellement de tout ce que Naomi connaissait en fait d'ameublement, qu'elle ne put s'empêcher de pousser une exclamation d'étonnement et, disons-le aussi, d'admiration. A Saint Hippolyte, Naomi occupait une chambre, nous l'avons vu, d'une grande simplicité, murs et planchers nus, meubles rares quoique très beaux comme dans toutes les pièces de la maison. Ici, au contraire, pas un pouce de plancher qui ne soit recouvert de tapis, carpettes, descente de lit, les murs disparaissaient sous d'immenses glaces aux encadrements dorés et tourmentés, des tableaux, des tapisseries et partout, des poufs, des fauteuils, des tentures, des capitons, des franges, des pompons, des choux de rubans, des plissés, de la soie, du velours, de la peluche, du damas, des coussins, des glands des cantonnières en arabesques, des tombés savants de draperies épaisses, une chaise longue, une psyché, des guéridons, des vitrines, et même un prie-Dieu, aux ogives savantes de gothique flamboyant, placé sous deux portraits du Christ et de sa Sainte mère, étincelants de leur émail tout neuf. Naomi eut une pensée rapide pour le grand Christ espagnol qui jaunissait à Saint Hippolyte dans son cadre terni et se demanda si elle ne pourrait jamais faire sa prière devant des images pieuses si étincelantes de nouveauté.

Au seuil de la chambre, Casimir et sa mère, appuyés l'un sur l'autre, savouraient l'étonnement de Naomi. L'installation moderne de cet appartement leur avait coûté beaucoup d'argent et d'innombrables soucis car tous les meubles et les tentures étaient venus de France et il s'en était fallu d'un cheveu que tout ne fut pas prêt pour l'arrivée du jeune ménage. C'eût été une catastrophe si Naomi n'avait pas apprécié la décoration de sa chambre. A vrai dire, Madame du Gol n'avait jamais eu le moindre doute à ce sujet : elle était sûre de plaire. Mais casimir sentait confusément tout ce qu'avait d'un peu ostentatoire et « nouveau riche » ce mobilier parisien au regard des vieux meubles précieux qui ornaient

Saint Hippolyte. Aussi redoutait-il un peu les réactions de sa femme. Mais heureusement son étonnement était si grand qu'il l'empêchait de parler et sa curiosité, la poussant vivement d'un objet à l'autre, pouvait passer pour de l'enthousiasme. Casimir lui en fut reconnaissant et l'attira à lui pour l'embrasser. D'ailleurs, Naomi, sincèrement émerveillée, était disposée à trouver parfaits tous les meubles insolites que contenait sa chambre. Elle loua le moelleux des matelas de laine et ce ne fut que quelques semaines plus tard, qu'elle s'aperçut que tous ces rideaux de peluche et de satin vert qui tombaient en plis lourds, non seulement devant les fenêtres mais encore autour de son lit, doublant de leur épaisseur le tulle léger des moustiquaires, rendaient étouffante l'atmosphère de sa chambre.

Naomi occupa quelques jours à ranger dans de hautes et profondes armoires les cadeaux reçus à l'occasion de son mariage et qu'elle avait apportés dans de grands coffres. Puis elle explora minutieusement les pièces encore inconnues de la maison dans un dédale de corridors mystérieux ; elle se fit porter en manchil dans les champs de cannes, visita l'usine à sucre toute proche de la maison. Elle connaissait déjà, en vraie fille de planteur, le moulin à broyer les cannes avec son aire de terre battue où tourne pendant des heures une vieille mule ou un cheval aveugle, la série des chaudières énormes et noires jusqu'à la « batterie », la dernière, où l'on arNaomi d'alun et d'eau de chaux le jus des cannes déjà purifié par plusieurs bouillons. Elle reconnaissait ces alignements de barriques aux cercles de fer, ces formes de bois où le sucre se cristallise en pains. Elle savait distinguer le sucre « terré » du sucre

« passé », et le sucre royal, le plus beau, et le sucre râpé, et le sucre candi que l'on rougit au jus de raquette ou parfums d'eau de fleurs d'oranger. Casimir passait des journées entières dans l'usine. Même quand il n'y avait pas de récolte à traiter, il n'avait jamais fini d'inspecter les chaudières, les barriques, les formes, de vérifier le mécanisme du moulin ou d'y apporter quelques modifications de son invention.

Madame du Gol, elle, déployait un zèle et des connaissances de stratège à l'ordonnance et la bonne conduite de sa maison. Des cuisines à la lingerie, en passant par l'office et les cases de serviteurs, rien n'échappait à son regard vigilant. C'était une maîtresse femme de qui les mérites et les dons auraient dû avoir à s'exercer sur un corps d'armée. Malheureusement la vie est ainsi faite qu'elle n'avait pour champ de bataille que sa propre maison. Elle entendait bien en être l'unique puissance et Naomi, qui avait fait de timides avances pour aider un peu sa belle-mère dans ses tâches, se vit refouler au salon d'une main ferme et résolue.

Salon presque désert d'ailleurs car Madame du Gol était bien trop occupée par ses obligations ménagères pour se livrer à de futiles distractions comme des visites à ses voisines. Plus que de raconter des niaiseries en lapant des limonades dans les salons voisins, Madame du Gol trouvait important d'aligner des colonnes de chiffres et de tirer des plans afin d'augmenter encore une fortune déjà magnifique. Aussi, négligeant de faire des visites, cette maitresse femme n'en recevait-elle guère et ce n'était pas l'arrivée de Naomi qui ferait dévier d'un pouce une ligne de conduite depuis longtemps immuable.

Ainsi, ne voyant personne et n'ayant rien à faire (même les promenades à cheval lui étaient interdites pour ne pas risquer de compromettre le moindre espoir de maternité), livrée toute la journée à la compagnie toujours vaguement hostile d'Agnès, Naomi ne tarda pas à s'ennuyer et reprit les habitudes de rêverie et de mélancolie qui s'étaient manifestées pendant ses fiançailles. Du matin au soir, assise au salon, un ouvrage de tapisserie dans les mains, elle se disait tristement que la vie de femme mariée est une bien fâcheuse condition. Elle pensait à une vieille assiette de faïence, naïvement décorée, qu'elle avait trouvée en furetant au grenier. On y lisait l'inscription suivante :

« *A mariés d'amour* »
« *Bonne nuit et mauvais jours* »

« *Moi qui ne suis pas mariée d'amour, se disait-elle, je devrais avoir de bons jours sinon de bonnes nuits. Mais hélas les uns sont plus tristes encore que les autres !* »

Un jour où, d'ennui, la tapisserie lui tombait des mains, Naomi décida d'essayer de jouer du clavecin. Un très vieux et ravissant clavecin en effet, tout incrusté de marqueteries précieuses, se dissimulait à demi dans un coin du salon. Chaque fois que Naomi avait émis la prétention de s'en servir, on l'en avait dissuadée, sous prétexte que le clavecin, qu'on n'avait pas utilisé depuis la mort de la grand-mère du Gol, devait être complètement désaccordé. Mais ce jour-là, Naomi était seule au salon, Agnès avait momentanément disparu, sa mère devait comme toujours pourchasser quelques grains de poussière échappés au torchon des femmes de chambre, aussi Naomi s'approcha-t-elle du petit instrument, en releva le couvercle et essaya une gamme. Les sons étaient grêles et un peu grinçants, mais justes. Alors elle s'assit et commença de jouer, cherchant à donner à ses mains la bonne position qu'avait enseignée Naomi. Mais elle n'avait pas joué dix mesures que la porte du salon s'ouvrit sur Madame du Gol qui proféra d'une voix forte :

- Je dirai, comme d'Alembert, la musique, à quoi ça sert ?

Naomi, interdite, rabattit vivement le couvercle sur le clavier et se leva, rougissante comme un enfant pris en faute. Pourtant elle essaya plusieurs fois encore de distraire son ennui en chantant et s'accompagnant au clavecin. Mais chaque fois, sa belle-mère surgissait et récitait le même distique :

- Je dirai, comme d'Alembert, la musique à quoi ça sert ?

Elle n'y mettait pas de méchanceté d'ailleurs et même parfois, son ton était badin. Seulement, elle ne pouvait supporter toute cette harmonie dans son salon. Il lui fallait y mettre fin dès qu'elle en percevait les accords. Naomi finit par obtenir la permission de monter l'instrument dans sa chambre et là, pendant des heures entières, elle se retirait pour jouer et chanter toute seule. Et le souvenir d'Antoine, avec une douce insistance, revenait l'assaillir.

*\
**

Pourtant Naomi n'était pas complètement désœuvrée. De même qu'à Saint Hippolyte, après qu'elle eut fait à 13 ans sa première Communion, elle s'était donnée le rôle d'instruire les négrillons dans la religion, de même, au Gol, reprit-elle cette tâche que sa belle-mère lui abandonna tout d'abord volontiers. Chaque soir, à la nuit tombante, Naomi quittait la maison, son gros paroissien sous le bras et son chapelet de corail enroulé autour du poignet. Si la saison le permettait, elle allait s'assoir au milieu de l'aire en terre battue qui s'étend devant les cases des esclaves, ou bien, si la pluie faisait rage, elle retrouvait son petit troupeau d'ouailles sous la varangue et commençait de réciter le rosaire. Derrière elle on zézayait les répons, pieusement. Puis, après la prière, commençait les leçons de catéchisme. Dans le ciel s'allumaient les étoiles tandis que Naomi parlait d'éternité. Les enfants faisaient cercle autour d'elle pendant que les adultes, respectueux, attendaient en silence qu'elle eût fini d'instruire pour saisir leur valiha et chanter à la nuit.

Mais Naomi ne se contentait pas d'apprendre leurs prières aux enfants noirs. Lorsque, quelques années plus tôt, elle avait adopté d'enthousiasme les idées d'Antoine au sujet de l'esclavage, elle s'en était aussitôt ouverte à son père, et l'avait supplié d'affranchir ses noirs. Monsieur de la Source ne s'était nullement étonné des positions de sa fille. Cet aristocrate était un libéral que les conceptions de liberté et d'humanité avaient depuis longtemps conquis. Il représenta seulement à sa fille tous les troubles qu'un tel changement pourrait apporter dans l'existence de ces malheureux que rien, jamais, n'avait préparé à l'indépendance et à la liberté.

- L'heure viendra un jour, lui dit-il, et c'est à nous de la préparer. C'est à nous de les instruire des devoirs qu'ils auront à remplir dans une société où l'indépendance ne leur donnera quand même pas tous les droits.

Naomi avait donc l'habitude de mêler une sorte de cours de civisme à sa leçon de catéchisme. Elle parlait à son auditoire du jour prochain peut-être où, libéré de sa condition d'esclave, il aurait à se conduire en homme libre et conscient.

Madame du Gol fut rapidement instruite de ces discours qu'elle jugea subversifs. Elle n'eut que mépris pour sa belle-fille lorsque celle-ci tenta timidement d'expliquer son point de vue et lui interdit de présider désormais à la prière du soir. Agnès se chargerait de cette tâche.

Il restait à Naomi les visites à ceux qui étaient malades, aux femmes en couches, aux nourrissons. Elle y mit d'abord tout son cœur et sa bonne volonté à remplir ces devoirs de charité qu'elle avait toujours assumés chez son père. Mais au Gol, elle était encore une étrangère. Ces malades sur qui elle se penchait, elle ne connaissait pas encore leurs noms, elle igNaomiit leurs particularités, alors qu'à Saint Hippolyte elle pouvait appeler chaque esclave par son prénom et savait de qui chacun était le fils. Elle ne sentait pas, au Gol, circuler d'elle à eux ce chaud courant de sympathie qui l'unissait aux esclaves de son père. Aussi, emplissait-elle ces devoirs avec conscience mais sans y mettre son cœur et sans y appliquer son esprit.

Alors, peu à peu, celui-ci se remit à battre la campagne et lorsque Casimir, revenant de ses longues stations à l'usine où de ses interminables conférences avec le géreur, retrouvait le soir venu sa jeune femme, c'était une enveloppe vide qu'il serrait dans ses bras, un corps dont l'esprit s'était envolé tout le jour à la poursuite de chimères. Il aurait fallu distraire Naomi, occuper ses pensées, passionner son cœur. Mais Casimir ne pouvait savoir ce qui manquait à son épouse. Ayant toujours vécu heureux au Gol, entre sa mère et sa sœur, il n'imaginait pas que Naomi ne partageât point sa félicité. Or Naomi, qu'il croyait conquise puisqu'elle était sa femme, était au contraire à conquérir et il aurait dû consacrer à cet office une grande partie de son temps.

L'ennui donc s'était installé au cœur de Naomi et bientôt y pénétrèrent à sa suite la désaffection puis le dégoût. Les démonstrations amoureuses de Casimir, après l'avoir choquée, puis ennuyée, la révoltèrent et c'était une femme chaque soir plus distante et plus étrangère que retrouvait Casimir. Au bout d'un an, l'annonce d'une première maternité fut le prétexte dont ils se saisirent d'un commun accord pour occuper deux chambres séparées. Casimir retrouva avec joie sa chambre de jeune homme, abandonnant à sa femme l'appartement étouffant encombré de peluche et de velours.

Naomi était très incommodée par sa grossesse. Ses malaises et ses nausées perpétuelles la maintenait dans un état qu'elle jugeait insoutenable pour ses proches. Aussi, vécut-elle ces longs mois d'attente presque entièrement claustrée dans sa chambre. Madame du Gol, qui avait porté ses deux enfants sans même s'en rendre compte, haussait les épaules et plaignait son fils d'avoir une épouse tellement fragile. Et Casimir, malgré la joie que lui avait d'abord procurée cette attente, se détachait de plus en plus de cette femme éternellement gémissante et prostrée. Bientôt, il commença de chercher au dehors une diversion aux soucis que lui donnait la santé de sa femme. Il en vint à passer presque toutes ses nuits dans un tripot de Saint Pierre où il dépensait, avec parcimonie cependant, une partie de la fortune que sa mère amassait. Souvent on le ramenait au Gol dans un triste état car il s'était mis à boire et ne savait pas modérer sa passion. Naomi igNaomi où se désintéressa de ces excès. Mais sa belle-mère était beaucoup trop éprise d'ordre pour supporter chez son fils de tels manquements à celui qu'elle avait établi chez elle. Elle pensa qu'un voyage pourrait heureusement distraire Casimir et c'est elle qui combina d'envoyer son fils à l'île Maurice, chez un de ses parents éloignés, sous le prétexte d'étudier, là-bas, l'installation d'une machine à vapeur dont on avait beaucoup entendu parler. Casimir, toujours passionné de mécanique et sentant aussi qu'un tel dépaysement pouvait peut-être le détacher de son vice, avait accepté avec jubilation la perspective d'un tel voyage.

C'est ainsi qu'il s'était embarqué quelques semaines après la naissance de sa fille et que Naomi avait dû partir seule pour Saint Hippolyte au moment de la mort de son père. C'est ainsi qu'elle avait revu Antoine qui n'avait pas su lui dissimuler ses sentiments.

Et cette rencontre imprévue, en rallumant brusquement sa passion, avait rompu complètement, cette fois, les derniers liens affectifs qui l'unissaient à son mari. Lui, cependant, revenait après deux mois, débarrassé croyait-il de ses vices et prêt à recommencer avec sa femme, délivrée d'une grossesse difficile, la vie idyllique qu'il avait cru mener aux premiers jours de leur mariage. Mais il retrouva une Naomi aussi languissante qu'aux jours de sa maternité. Une énorme tristesse l'habitait contre laquelle venait se heurter toute tentative de tendresse ou d'amour de la part du pauvre Casimir.

Encore une fois, il n'eut pas la force de lutter. Il trouva plus facile de retomber dans l'ornière des anciennes habitudes. Il rejoindra, de nouveau, Saint Pierre, son tripot, son rhum et les filles métisses faciles. Il y passa bientôt le plus clair de son temps jusqu'au jour où son corps, fatigué de tant d'excès, refusa de continuer à le servir. Il eut une première crise de délirium qui le jeta à terre et ne tarda pas à le conduire au cimetière.

Madame du Gol avait une nature trop puissante pour se laisser abattre par le chagrin. L'immense douleur que lui causa la dégradation puis la mort de son fils se transforma aussitôt en haine furieuse à l'égard de sa belle-fille qu'elle accusait d'avoir causé la mort de Casimir. Elle n'avait pas entièrement tort, évidemment, en incriminant l'indifférence et la désaffection toujours croissante de Naomi qui avait conduit Casimir à sa perte. Mais ne pouvait-on également accuser l'égoïsme de Casimir qui n'avait jamais compris l'isolement où s'était brusquement trouvée Naomi transplantée au Gol où personne ne se souciait d'elle ? Ne pouvait-on l'accuser, elle, Madame du

Gol, d'avoir réduit sa belle-fille au désespoir en la tenant systématiquement à l'écart et Agnès, l'infirme dont la haine du premier instant n'avait jamais désarmé vis-à-vis de sa belle-sœur, tous enfin n'avaient-ils pas contribué à jeter la jeune femme dans un abîme de désespoir d'où elle n'avait pas su remonter, causant par réaction la perte de Casimir ?

Mais enfin, après la mort de son mari, Naomi réunit toutes ses forces pour déclarer qu'elle ne resterait pas un jour de plus qu'il ne fallait chez sa belle-mère. Elle pensait à Saint Hippolyte et il lui montait à la tête des bouffées de bonheur. Là-bas elle se retrouverait elle-même.

Elle se préparait à y retourner quand une difficulté survint qui devait l'empêcher, pour plusieurs mois, de rentrer chez elle et l'obligea d'entreprendre un long voyage qui faillit détourner le cours de son destin.

CHAPITRE IX

Fort - Dauphin

❧❧

Sandrina, en effet, mariée sous le régime de la séparation de biens, n'héritait pas de la fortune de son mari mais, tutrice légale de sa fille, recevait la charge d'administrer cette fortune jusqu'à la majorité de l'enfant. Cependant, elle partageait cette charge avec le tuteur, grand'oncle de Frédérique, et frère aîné de Madame du Gol. La signature de cet oncle était indispensable au même titre que celle de Naomi et l'avoué de Saint-Pierre avait envoyé, avec un petit mot très respectueux, une liasse de papiers où il priait le capitaine Renaud de bien vouloir mettre sa griffe. Or les actes revinrent, vierges de toute signature, accompagnés d'une note furieuse dudit capitaine, lequel disait clairement à l'homme de loi qu'il soupçonnait sa sœur de « nouvelles manigances » auxquelles il refusait de se prêter, à moins qu'un membre de la famille ne se dérangeât et ne vînt jusqu'à lui pour expliquer clairement de quoi il retournait.

- Manigances ! Manigances !... D'avoir passé son existence à pourchasser les forbans sur les mers, mon frère a fini par en voir partout. De quoi nous croit-il capables, grands dieux ! Ne dirait-on pas qu'il nous prend pour une famille de pirates !

Naomi, qui descendait l'escalier sur la pointe des pieds, entendit les éclats de voix furieux de sa belle-mère et pénétra dans le salon au moment où Madame du Gol s'écriait en frappant le sol du talon :

- En tous cas, je n'irai pas ! Débrouillez-vous avec vos lois comme vous voudrez, mais je n'irai jamais, vous m'entendez, jamais, demander quoi que ce soit, fut-ce une signature, à mon frère.

Et elle sortit en claquant la porte, laissant à Naomi le soin de raccompagner son visiteur.

Celui-ci montrait sur son visage, qu'il avait naturellement joufflu, Naomi et jovial, les signes de la plus profonde perplexité.

- Que se passe-t-il, Maître, demanda Naomi. Expliquez-moi ce qui a provoqué la colère de ma belle-mère et semble vous inquiéter si manifestement ?

- Ah ! Madame, je crains que nous ne soyons dans une situation sans issue ! Votre oncle refuse sa signature aux procurations que nous lui avons demandées pour la succession de Monsieur Casimir, et sans cette signature, nous ne pouvons prendre aucune disposition avant la majorité de votre fille. Il va être impossible de vendre une récolte ! Et même de vendre une canne, tant que la situation ne sera pas en règle.

Tout en parlant, il tendait le billet écrit par l'oncle à la jeune femme qui le lui rendit en disant :

- Que veut-il dire avec ses « manigances » ? La situation n'est-elle pas claire ? Y a-t-il un seul point obscur où il puisse trouver à redire ?

- Sûrement pas ! Non, Madame. Il n'y a là rien que de très normal, très net, seulement... à mon avis...

- A votre avis ?

- ... à mon avis, Madame, le capitaine tient là sa revanche et il n'est pas homme à y renoncer.

- Sa revanche ? Que voulez-vous dire, Maître ?

- Heu... c'est-à-dire, Madame ... je ne sais ... si je puis ...

Naomi perçut la gêne du pauvre homme et surprit les regards qu'il lançait de tous les côtés

- Ecoutez, Maître, j'ai le droit de savoir ce qu'il en est. Il s'agit de ma fille... Je vais vous accompagner dans l'avenue jusqu'à la sortie de la propriété. Tout en marchant, vous me raconterez exactement de quoi il en retourne.

Naomi apprit ainsi, en cheminant sous les manguiers de l'avenue, l'étrange destinée de cet oncle dont elle n'avait, jusque-là, presque jamais entendu parler.

Des forbans, oui, elle avait souvent entendu parler, des pirates, de ces aventuriers des mers qui avaient régné en maîtres sur l'Océan Indien aux XVII et XVIII° siècles. Elle connaissait les noms des plus célèbres et les légendes inouïes qu'ils avaient fait naître, eux et les trésors dont ils avaient truffé les rivages déserts, trésors qui suscitaient toujours de nouveaux chercheurs et de nouvelles espérances. Mais les derniers pirates étaient morts depuis longtemps. Comment l'oncle Renaud, qui n'était tout de même pas si vieux, avait-il pu donner la chasse à cette race disparue avant lui ?

C'est qu'en vérité elle n'avait pas complètement disparu. Ses qualités de courage, d'énergie et d'endurance s'étaient réfugiées, semblait-il, parmi les tribus de la côte Est de Madagascar qui, dès la fin du XVIII° siècle, envoyèrent chaque année des expéditions de pillage vers les riches Comores et particulièrement vers Anjouan. Il n'était plus question, alors, de belles frégates raides, surchargées de voilure et armées de pièces d'artillerie, ni de monter à l'abordage de quelque vaisseau marchand à la précieuse cargaison. Les betsimisarakas ne disposaient que de lourdes pirogues, simples troncs d'arbres évidés à la hache et au feu et dépourvues de quilles aussi bien que de balanciers. Un bordage de planches légères, relié au tronc par des lianes, surélevait les bords de l'embarcation où pouvaient s'entasser jusqu'à cinquante hommes. Quand on avait la chance d'avoir vent arrière, on fixait à l'avant un petit mât avec une voile en natte de jonc tressé. Aussi le vent déterminait-il presque toutes les expéditions de ces forbans malgaches qui partaient à l'assaut d'Anjouan entre Août et Octobre avec l'alizé. Ils revenaient en pagayant contre les courants du Cap d'Ambre et bien des embarcations périssaient.

Cependant, Anjouan ne pouvait appareiller pour fuir les pirates et attendait dans la terreur, impuissante, le retour annuel de ses intrépides ennemis qui naviguaient sans autres repères que le soleil et les étoiles.

En 1808, le Sultan envoya un de ses fils en ambassade à Saint-Denis, suppliant le gouverneur de le protéger des incursions des pirates et mettant son peuple et ses biens sous la protection de la France. C'est alors qu'on affréta un petit bâtiment dont le commandement fut confié au capitaine Renaud, qui eut mission de purger le Mozambique de ses derniers forbans et de protéger Anjouan contre leurs invasions. Rien ne pouvait mieux plaire à ce marin passionné.

Ainsi s'embarqua le capitaine Renaud qui navigua pendant des années, pourchassant sans répit les pirogues Betsimisaraka. Entre deux saisons de course, il relâchait à Sainte-Marie ou à Tintingue, encore tout vivants des souvenirs laissés par La Buse et Taylor, ou bien il s'aventurait dans les dédales de la baie magnifique de Diégo Suarez où il trouvait un mouillage sûr dans un site grandiose. Parfois il s'arrêtait à Sainte-Luce où il retrouvait les vestiges du premier établissement français dans la grande île. Enfin, pendant plusieurs années, il fut, sans revenir à Bourbon, tout occupé de remplir sa mission dans les eaux de Madagascar dont il apprenait à aimer les rives sauvages. Finalement, en 1820, un traité fut conclu avec le roi Hova Radama et les expéditions des pirates cessèrent. Le rôle du capitaine Renaud prenait fin et il pensa se retirer à Bourbon pour y finir tranquillement ses jours en jouissant des biens que lui avaient laissé ses parents.

Or, quand il revint, de ses biens que restait-il ? Il s'aperçut qu'en son absence, quelques mauvaises récoltes, quelques spéculations malheureuses avaient singulièrement réduit son héritage. Madame du Gol, chargée de gérer la fortune de son frère pendant qu'il naviguait, ne put que déplorer, avec lui, un concours de circonstances malheureuses qui le ruinait (tandis que sa fortune à elle s'était toujours arrondie) et conseiller au capitaine de reprendre la mer. C'est ce qu'il fit, mais pas avant d'avoir proclamé bien haut qu'on l'avait grugé, que sa sœur s'était appropriée tout son bien à lui, et qu'il préférait quitter son île natale que d'y demeurer en parent pauvre, à respirer le même air que sa sœur, qu'il traita publiquement de voleuse.

Le capitaine avait donc quitté Bourbon et vivait dans le Sud de Madagascar, à Fort-Dauphin, où il avait pu acquérir quelques terres avec les débris de sa fortune.

Que s'était-il passé au juste ? Les accusations du capitaine contre Madame du Gol étaient-elles fondées ? Voilà ce que l'avoué ne pourrait affirmer à Naomi.

Mais il était sûr que le frère et la sœur étaient irréparablement brouillés, et que le capitaine Renaud s'entêterait à refuser sa signature pour obliger sa sœur d'aller la lui ne demander en personne.

- Mais enfin, Maître, ma belle-mère n'ira jamais là-bas, cela est bien évident. Puisqu'il vous faut absolument cette signature, c'est à vous de nous tirer de ce mauvais pas et d'aller jusqu'à mon oncle pour la lui demander.

- Cela serait inutile, Madame. Votre oncle a un caractère irréductible. Vous avez lu sa missive… C'est un membre de la famille qu'il réclame, ces mots sont soulignés dans sa lettre de deux traits tellement rageurs, regardez, que le papier, pourtant épais, en est presque déchiré !

- Ma belle-mère n'ira jamais, répéta Naomi ; quant à Agnès, son état de santé lui interdit tout déplacement. Il n'y a donc personne qui puisse partir.

- Si, Madame, répondit l'avoué. Vous.

Et finalement, malgré la répugnance de Madame du Gol à envoyer sa belle-fille en ambassade chez son frère, malgré la répugnance de Naomi à quitter son île au moment où elle croyait pourvoir retourner à Saint Hippolyte, malgré les convenances qui interdisaient à une veuve de si fraîche date d'entreprendre un voyage, on dut en passer par là, et Naomi s'embarqua avec deux femmes de chambre à destination de la grande île. On avait fait au capitaine du petit bâtiment qui l'emmenait tant de recommandations, on avait tant insisté pour qu'il veillât à son confort à bord, qu'il finissait par redouter la présence d'une passagère aussi précieuse et souhaiter qu'elle renonçât à un voyage qui lui donnerait tant de soucis. Il fut assez soulagé, quand on eut pris la mer, d'apprendre par les femmes de chambre que leur maîtresse était si incommodée par les mouvements du navire qu'il lui faudrait garder la chambre. En effet, durant toute la traversée, elle ne se montra pas et, quand un matin enfin, se trouvant subitement mieux, elle décida de monter sur le pont, on lui apprit qu'on était arrivé et que le navire était au mouillage dans la baie de Fort-Dauphin.

Naomi montait lentement la petite échelle raide qui menait de l'étroite coursive sur le pont supérieur. D'une main elle s'accrochait à la rampe de cordages et de l'autre ramassait les plis encombrants de sa jupe. D'en haut, le capitaine l'aperçut et s'empressa de lui offrir son aide pour prendre pied sur le pont. Après tout, cette passagère tant recommandée n'avait pas été bien gênante et, la traversée s'achevant, on pouvait bien être aimable et se montrer galant puisque ce ne serait jamais que pour quelques instants. Le capitaine offrit donc son bras à Naomi et, la guidant jusqu'à la lisse, lui fit admirer le paysage incomparable qui s'offrait à leurs yeux où les montagnes, couvertes de végétation qui descendaient en pente abruptes dans la mer, encerclaient la calme baie. Il lui nomma le mont Saint-Louis, raconta l'histoire du Fort Flacourt et prêta à Naomi ses lunettes de marine pour qu'elle pût voir les pièces d'artillerie, maintenant pacifiques, mais toujours braquées sur la baie. Des nuées de pirogues environnaient le navire, menées par des indigènes qui venaient offrir des fruits ou des volailles et criaient à qui mieux mieux, vantant les qualités de leur marchandise. Déjà, les soutes étaient ouvertes et l'on commençait d'en voir sortir d'énormes ballots que l'on entassait dans les pirogues qui faisaient le va-et-vient avec la terre.

Naomi s'inquiétait de savoir si l'on avait prévenu son oncle de son arrivée.

Le capitaine la rassura :

- Aussitôt que nous avons été stoppés, Madame, j'ai envoyé un canot avec un messager pour avertir le capitaine Renaud. Sa réponse ne devrait plus tarder.

En effet, à cet instant prenait pied sur le pont un nègre immense, véritable colosse qui dit être l'envoyé du capitaine Renaud et, dès qu'elle eut fait ses adieux, saisit Naomi comme un fétu, enjamba la lisse et entreprit de descendre, avec son fardeau, une petite échelle de corde qui pendait le long de la coque et aboutissait au-dessus d'une longue pirogue qui se balançait contre le navire. Naomi pensa mourir de frayeur, mais se retrouva finalement assise dans la pirogue sans autre mal qu'une robe un peu chiffonnée. Quand les femmes de chambre eurent aussi quitté le navire en empruntant le même chemin, malgré leurs hurlements de frayeur, quand on eut entassé les bagages à la proue, la pirogue s'écarta lentement du flanc du navire et se dirigea vers la terre tandis que Naomi agitait son mouchoir.

Lorsque le capitaine Renaud avait su l'arrivée de « Madame du Gol » annoncée par le messager, il n'avait pas douté un seul instant qu'il ne s'agît de sa sœur, et décida aussitôt d'impressionner l'ennemi. On avait donc en toute hâte tirée des coffres la grande tenue d'officier de marine, on l'avait sommairement brossée et le capitaine avait finalement réussi à s'y introduire, malgré l'embonpoint qui l'alourdissait un peu depuis sa retraite oisive. Même son épée était convenablement fixée à son côté lorsqu'il parut dans l'encadrement de la porte, suivi de deux esclaves baras, sagaie en main, dressés à ses côtés comme deux guerriers de bronze.

C'est à cet instant précisément que Naomi arrivait avec son petit cortège de porteurs et, levant les yeux, elle eut un instant le sentiment que tout cet appareil belliqueux était déployé contre elle, comme une déclaration de guerre. Mais ce ne fut qu'une impression furtive car il se peignait, sur les traits du vieux marin, une si profonde stupeur que Naomi retrouva ses esprits et oublia les préventions qu'elle nourrissait à son égard.

- Bonjour, mon oncle, dit-elle. Comme vous en avez exprimé le désir, je suis venue vers vous pour vous expliquer nos affaires et vous prier de prendre soin des intérêts de ma petite fille Frédérique.

Ainsi, tout ce déploiement de forces et ce beau décorum guerrier n'avait trouvé en face d'eux que cette enfant ! L'oncle se mit à rire et, oubliant sa déconvenue, se débarrassa de son épée encombrante pour aller au-devant de sa nièce. En même temps, les deux guerriers bars abandonnèrent leurs sagaies et, s'emparant des bagages, redevinrent d'inoffensifs serviteurs.

- Ah ! Que j'ai eu raison, ma chère enfant, disait le capitaine Renaud, de refuser ma signature et de laisser éclater mon mauvais caractère. Sans lui je n'aurai jamais eu votre gracieuse visite pour égayer ma solitude.

L'oncle était vieux garçon et n'avait guère d'expérience touchant le caractère des jeunes femmes. Cette nièce inattendue le prenait tout à fait au dépourvu, mais il était sensible à sa jeunesse et à sa grâce et ne songeait déjà plus à lui faire la guerre. Au contraire, il se mettait en quatre pour lui plaire. Il commença par la gaver de sucreries, puis il lui fit visiter sa maison.

*
**

Cette maison, en réalité, se composait de plusieurs cases construites à la mode du pays, en bois et en feuilles de ravenala. Il y avait la case-salon, la case-chambre à coucher, la case- salle à manger, la case-cuisine et, à l'écart, la case des vahinas. C'est là qu'on installa Naomi après qu'elle eut visité chacune des bâtisses. On allait de l'une à l'autre par de petits sentiers courant entre les arbres, énormes badamiers, et des bouquets de pandanus, dont les feuillages réunis en voûte, suffisaient à vous protéger lorsque vous alliez, par temps de pluie, d'une case dans l'autre. Le soir, les serviteurs allumaient le long de ces corridors de verdure des guirlandes de petits lampions qui transformaient la clairière en un décor pour Indes Galantes.

La jeune femme fut d'abord très étonnée par ces constructions si primitives et un peu interloquée qu'on l'installât elle, Naomi, dans une case qui ressemblait si fort à celles où vivaient les esclaves du Gol ou de Saint Hippolyte. Mais quand elle s'éveilla pour la première fois dans sa demeure toute « bruissante » du vent qui cherchait un passage à travers le feuillage, qu'elle aperçut les mille flèches d'or du soleil s'infiltrant par mille ouvertures minuscules, quand elle eut appris à bercer son sommeil des chants d'oiseaux, du grondement de la mer, du froissement des feuilles agitées par la brise, quand elle se fut familiarisée avec tout le menu peuple d'insectes qui vivait sous le toit : Fourmis en processions affairées sur les poutres de bois, hannetons, cétoines et deux petits margouillats dont le gosier d'or envoyait à intervalles réguliers un roucoulement à la nuit, Naomi s'enchanta de toutes les merveilles qu'elle découvrait et s'employa à tirer chaque jour plus de bonheur de son habitation rustique.

L'oncle était heureux que sa nièce ne fût pas demeurée insensible à des plaisirs si purs. En admirant à voix haute ce pays qu'il aimait, elle avait fait sa conquête. Il n'était jamais question entre eux des papiers maintenant revêtus de la signature du capitaine. Et malgré le désir qu'elle avait de retourner à Saint Hippolyte, Naomi attendait sans impatience et sans hâte le retour du bateau qui devait la ramener dans son île.

Tous les jours, elle descendait le petit raidillon caillouteux qui conduisait vers le débarcadère. Elle s'asseyait à l'ombre d'un grand pin et restait là jusqu'au soir, à regarder le va-et-vient des barques de pêche, les pêcheurs qui passaient avec leurs prises suspendues par les ouïes à un bâton ou ceux qui traînaient leurs filets sur le rivage. Parfois un boutre passait avec son curieux mât penché et sa grande voile rousse.

Un soir, elle vit un grand bateau à l'ancre dans le bain. Toutes les voiles repliées laissaient nu le réseau compliqué des mâts où elle distinguait nettement, de son observatoire, un mousse qui sautait de mât en vergue avec l'agilité d'un singe. Une nuée de pirogues environnaient le navire où se manifestait une activité intense. Des pirogues montaient, jusqu'au pont du vaisseau, des corbeilles remplies de fruits ou légumes posées en équilibre sur la tête des porteurs lesquels faisaient la navette sur des échelles de cordes. D'autres portaient, de la même manière, des outres d'eau douce, des grappes de volailles ou des paniers d'œufs. Naomi admirait leur souplesse et leur habileté, étonnée que leurs fardeaux ne tombassent point à la mer. En faisant tourner la roue d'un cabestan, un groupe de matelots tentait de hisser sur le pont une malheureuse vache dûment ficelée et qui gigotait éperdument, tandis que d'autres attendaient leur tour dans des pirogues, au flanc du navire, remplissant l'air de leurs mugissements.

« *Sans doute,* pensait Naomi, *est-ce un bateau qui part vers l'Europe et qui vient ici se ravitailler en eau douce et provisions de bouche.* »

- Au contraire, lui apprit son oncle, le soir, au cours du souper, au contraire, c'est un navire qui vient de France et qui va faire route directement vers les Indes. Il paraît qu'il porte à son bord deux médecins dont la présence est réclamée d'urgence à Pondichéry où sévit une épidémie de choléra. Et même, si j'ai bien compris, l'un d'eux est notre compatriote. Je ne savais pas que mon vieil ami, le docteur Dubos de Saint-Denis, ait eu un fils, et que ce fils à son tour soit devenu médecin. Mais on m'a affirmé que cela était vrai, que ce jeune Dubos était à bord du navire que vous avez aperçu tantôt et qu'il était en route pour les Indes. Ce serait facile à vérifier d'ailleurs, car le navire doit rester encore au mouillage pendant au moins une journée pour refaire sa provision d'eau douce.

*
**

Ainsi, Antoine était revenu ! Il était tout près d'elle, peut-être même l'avait-elle aperçu tantôt, peut-être sa silhouette était-elle l'une de celles qui déambulaient sur le pont tandis que l'on chargeait les rafraîchissements à bord !

Naomi s'était retirée dans sa chambre de feuillages aussitôt après le souper. Elle avait renvoyé ses femmes de chambre, disant qu'elle se passerait d'elles pour sa toilette de nuit, mais elle ne se décidait pas à se dévêtir. Assise au bord de son lit, les deux mains serrées sur son cœur comme pour en réprimer les battements fous, le sang aux joues, elle essayait de mettre un peu d'ordre dans ses pensées, mais sans y parvenir. L'idée qu'Antoine se trouvait dans le bateau, tout proche, l'empêchait d'avoir toute autre pensée. Elle se dressa tout à coup et sortit de la maison. Sans bruit, elle gagna le sentier et refit, sous la lune, la promenade de l'après-midi. Près du grand pin, elle s'immobilisa : Le navire était toujours là, dans une flaque de lumière. Plusieurs petits fanaux étaient accrochés aux lisses et le va-et-vient des porteurs continuait d'animer le navire. Naomi demeurait immobile, le cœur battant, les yeux fixés sur le grand bâtiment. Antoine était là, si proche qu'elle avait envie de crier pour l'appeler, envie de courir jusqu'à l'embarcadère, de sauter dans une pirogue et d'aller, elle aussi, jusqu'au navire. Mais là-bas, que ferait-elle ? Comment se présenter à cette heure tardive au milieu de tous ces marins ? Comment oser demander Antoine qu'elle n'avait pas vu depuis si longtemps ? Et s'il n'était pas revenu seul ? Et s'il était marié ?

A cette pensée, Naomi fut glacée de la tête aux pieds. Elle remonta lentement jusqu'à la maison et se glissa sans bruit dans sa chambre.

A l'excitation joyeuse de tout à l'heure faisait maintenant place un profond accablement. Naomi s'étendit toute habillée sur son lit. Des larmes coulaient doucement sur ses joues : Comment avait-elle pu être assez folle pour se réjouir un instant de l'arrivée d'Antoine ? Comment espérer qu'il pensât encore à elle après tant d'années ? La fidélité au passé, voilà qui était bon pour elle, Naomi, qui avait mené une vie presque recluse au Gol. Mais il ne fallait pas espérer qu'Antoine ait cultivé de même ses souvenirs d'enfance, à Paris, où tant de distractions avaient dû lui être offertes ! Oui, sûrement, il était marié avec une jeune parisienne et il avait oublié depuis longtemps son île natale et Naomi. La preuve ? La preuve, bien sûr, était qu'il ne cherchât même pas à faire escale à Bourbon en allant aux Indes. Non ! Il avait choisi un bateau qui allait directement à Pondichéry. Saint-Denis et ses habitants lui étaient devenus indifférents. Et comment lui aurait-on gardé rancune ? Ne lui avait-on pas donné, à lui, toutes les marques de la plus profonde indifférence ? En tant d'années, lui avait-on écrit un seul mot, une seule fois ?

Ecrire un mot ! Voilà ce qu'il fallait faire. Sans se bercer de vaines illusions, de faux espoirs. Lui écrire un petit mot amical, lui disant qu'on se trouvait là, par hasard, au moment où lui-même y passait et que l'on serait heureuse de bavarder un peu avec lui et d'avoir de ses nouvelles.

Mais d'ailleurs, l'oncle n'avait-il pas parlé de choléra ? Allons, si Antoine était marié, comment amènerait-il une jeune femme en pleine épidémie ? Non, il était revenu seul et peut-être même était-ce pour fuir ses souvenirs, pour la fuir, qu'il allait en Inde ! Il fallait le prévenir, lui dire un mot, lui dire qu'on n'avait pas oublié.

Naomi sécha ses larmes, ouvrit son écritoire d'ébène et sans hésiter, rédigea un petit billet.

Ce geste l'apaisa enfin. Elle put se déshabiller et s'endormit en priant son ange gardien de l'éveiller au petit jour : Elle voulait envoyer son message dès les premières heures. On verrait bien si Antoine se hâtait de venir à elle, ou si, au contraire, il ne montrait que peu d'impatience à la retrouver.

Au matin, en effet, elle s'éveilla avec les premiers rayons du soleil et la beauté du jour levant lui redonna du courage. Son billet serré dans la main, elle courait sur l'étroit sentier vers l'embarcadère où elle trouverait une barque et un pêcheur qui se chargerait, pour quelques sous, de la commission. En arrivant sous les pins, elle jeta un coup d'œil vers la baie et s'arrêta net, mortellement pâle : Le grand navire avait disparu. Seule, à l'horizon, restait visible une voilure blanche qui diminuait de minute en minute.

On apprit à Naomi que, son chargement étant terminé et des vents favorables s'étant levés, le capitaine avait décidé d'appareiller durant la nuit.

CHAPITRE X

Solitude

❧❧

Lorsqu'elle fut enfin de retour à Saint Hippolyte, Naomi se crut sauvée. Elle avait trouvé chaque chose à sa place et chaque être également. C'était à peine si César avait un peu blanchi et si Catherine et Thérèse, mères de famille maintenant, avaient perdu leurs minces tailles de jeunes filles. Le vieux commandeur lui-même était toujours là.

En reprenant sa chambre de jeune fille, il parut à Naomi que les trois dernières années étaient abolies, cauchemar enfin dissipé avec les premiers rayons du soleil. Le matin de son retour, lorsque Nénie entra avec le plateau du déjeuner matinal, qu'elle releva les stores de bois aux fenêtres avec les mêmes gestes et provoquant les mêmes grincements qu'autrefois, Naomi crut vraiment que la vie de jadis, insouciante et heureuse, allait reprendre.

Pourtant il y avait dans la maison un vide immense creusé par la mort de son père. Naomi ne tarda pas à s'en apercevoir. Et la présence de la petite Frédérique ne remplissait pas ce vide.

L'enfant était belle à ravir, blonde comme Casimir mais avec les traits et l'ancienne vivacité de sa mère. Naomi, jusqu'ici trop occupée de ses propres problèmes, avait prêté fort peu d'attention à sa fille. Mais dès son retour à Saint Hippolyte, elle essaya de consacrer plus de temps à l'enfant, s'émerveillant de ses progrès rapides pour parler, de sa prestesse à comprendre et de son adresse à tous les jeux.

Cependant, la petite fille n'était pas vraiment au centre des préoccupations de Naomi. Celle-ci sentait qu'il était enfin en son pouvoir de réaliser ce qui avait été le grand rêve de sa jeunesse et ce à quoi elle avait juré, autrefois, de consacrer sa vie. Elle était libre maintenant, libre enfin de toutes les fidélités. La première à accomplir serait celle-ci : Elle donnerait la liberté à ses esclaves, elle redeviendrait la Naomi du Jeudi.

Naomi se souvint de sa première tentative et des sages raisons qu'avait alors opposées à sa fougue, la modération raisonnable de son père. Elle les repassa dans sa tête, les retourna plusieurs fois au filtre de sa pensée. Puis elle noua les brides d'un chapeau de deuil, enfila des mitaines et monta en voiture. Elle allait à Saint-Denis

Comme la petite ville avait changé en si peu d'années ! Fière de son rôle maintenant assuré de capitale, Saint-Denis étalait une folie des grandeurs. Ce n'étaient que chantiers nouveaux et constructions grandioses à la place des modestes cases que Naomi connaissait. Pourtant elle retrouva, inchangée, la maison des Philibert. Naomi et Antoinette, à peine vieillies, l'accueillirent avec des transports et des larmes.

Le veuvage de Naomi les émouvait tellement qu'elles ne pouvaient s'empêcher de larmoyer dès qu'elles levaient les yeux et l'apercevaient toute enveloppée de noir. A la fin, Naomi n'y tint plus et coupa court à leurs sanglots en demandant brusquement :

- Maître Payet est mort n'est-ce pas ? Celui qui s'occupait des affaires de mon père ? Savez-vous quel est son successeur ?

- C'est son neveu, Marie Boyreau qui a repris l'étude hélas, soupira Antoinette. Ce n'est plus du tout la même chose. C'est un jeune, il a fait ses études en Europe et nous est revenu tout imbu de nouvelles idées sociales et révolutionnaires. Ah ! C'est une pitié.

- Parfait, dit Naomi à l'étonnement profond de son ancien professeur. Et elle prit rapidement congé des larmoyantes demoiselles pour aller sonner à la porte de son nouveau notaire.

Naomi n'a pas annoncé sa visite à l'étude. Mais chez un notaire, son nom pèse le poids des arpents qu'elle possède tant à Saint Hippolyte que du côté du Gol et Maître Boyreau, tout révolutionnaire qu'il soit, est avant tout homme d'affaires et ne laisse pas seule plus de deux minutes une cliente de cette importance.

D'ailleurs a-t-il bien les idées qu'on lui prête ? Naomi hésite à le croire devant le petit homme cérémonieux, si parfaitement habillé « en notaire » neutre et poussiéreux comme un dossier, qui s'incline devant elle exactement comme l'exige l'importance de ses biens. Après tout, Antoinette est bien mauvais juge des idées nouvelles. Naomi va faire une banale demande d'argent. Ce n'est pas à ce grisâtre tabellion, qu'elle ouvrira son cœur.

Mais voilà du nouveau. Voilà qui est bien révolutionnaire pour un notaire si parfait. Naomi rit en elle-même : Le loup vient de laisser voir son oreille. Quand ils seront plus intimes, il faudra qu'elle lui explique où est le défaut de sa cuirasse et comment elle l'a percé à jour. Cette façon qu'il a eu avant de s'assoir, des deux bras contre sa taille, d'un geste vif et prompt, d'assurer son pantalon à sa place. Ah ! Non, ce n'était plus du tout le parfait notaire. Naomi étouffe une envie de rire et planta ses yeux dans ceux de son interlocuteur.

- Je compte sur vous, Maître, pour me rendre un service immense.

- Madame, je suis ici pour vous servir et ferai de mon mieux comme mon oncle, avant moi, a fait pour feu Monsieur votre père.

- Justement, Maître, si je ne me suis pas trompée, vous allez me servir comme ne l'aurait pas fait votre oncle regretté pour mon cher père…

- Madame, je suis votre serviteur.

- Vous connaissez, Maître, ma terre de Saint Hippolyte et notre vieux commandeur dévoué. Vous savez que je possède sur cette terre quelques centaines d'esclaves. Mon vœu le plus cher est de leur donner la liberté. Cependant, je ne suis pas naïve pour ne pas imaginer tous les désordres que pourrait provoquer la griserie d'un tel mot si, leur distribuant ce grand bien, je n'y mettais en même temps moi-même bon ordre. C'est pour cela que je compte sur vous. Je veux que mes esclaves soient désormais des hommes libres mais qu'ils sachent qu'ils ont chez moi toujours le même travail qui leur assure le même pain, si ce travail et ce pain leur agréent. C'est à vous d'organiser tout cela avec notre commandeur qui sera peut-être le plus difficile à convaincre. Quant aux noirs, il y a des années que je les catéchise à ce sujet et que je leur ai appris que nous sommes tous égaux devant Dieu.

Le notaire était debout. Il ne pensait plus à redresser son pantalon. Il n'était plus poussiéreux, plus notaire du tout. Ses yeux étincelaient et il avait autant de panache sous sa grise livrée de tabellion que s'il avait revêtu les plus brillants uniformes des plus fringants officiers. Il dût se faire violence pour ne pas se jeter sur Naomi et la serrer dans ses bras. Puis enfin il explosa. Il fit un pas en avant et se mit à déclamer : Toutes les tirades entendues à Paris au cours de réunions politiques qu'il fréquentait quand il étudiait le droit, lui revenaient en mémoire et se pressaient à sa bouche en flots emphatiques. Il arrondissait les bras et bombait la poitrine, sa voix s'enflait, grondait, il frappait du pied le sol, oubliant que son seul public était Naomi et qu'elle n'était plus à convaincre.

Enfin il s'aperçut qu'il était ridicule ; Il lui demanda pardon, rit avec elle, la prit par le bras et l'entraîna dans un salon où on leur servit une collation. Ils étaient alors les meilleurs amis du monde. Il lui confia qu'à Paris, il avait eu la chance d'apercevoir le vieux marquis de la Fayette avec Béranger, qu'il s'était enflammé pour leurs idées et que cette rencontre avait décidé de sa vie. Cependant, ici, à Bourbon, les choses allaient lentement, personne ne comprenait la grandeur de ses idées, on le méprisait, on le traitait de révolutionnaire et de fou, les grands propriétaires naturellement plus que les autres. Qui lui aurait dit que ce serait la plus riche de ses clientes qui viendrait à lui pour lui demander de l'aide à émanciper ses esclaves ? Non, il n'en revenait pas !

Quand il lui permit à nouveau de placer un mot, Naomi demanda à son nouvel ami s'il avait rencontré, pendant qu'il était en Europe, le fils du Docteur Dubos.

- Oui, il devait se trouver à Paris à peu près à la même époque que moi. Il fréquentait la faculté de médecine.

- Le voyiez-vous souvent ? Etait-il de vos amis ?

- Mais Madame, vous n'y pensez pas ! Ne savez-vous pas que sa mère était une femme de couleur ?

Et Naomi remonta en voiture en se demandant jusqu'où peut aller l'illogisme humain. Imbécile de petit notaire ! Elle avait été à deux doigts de lui dire que ses idées sur la liberté humaine, c'est à Antoine Dubos qu'elle le devait. Il ne lui avait pas été nécessaire, comme à lui, qu'elles fussent revêtues de la glorieuse estampille du marquis de la Fayette ou du comte de Rochambeau pour prendre leur valeur ! Un utopiste, un faiseur de beaux discours mais incapable d'un peu de chaleur, de cœur et de vivre ses belles idées. Enfin, il avait accepté de s'occuper de l'émancipation des esclaves de Saint Hippolyte ! On l'utilisera jusqu'à ce que cette tâche soit menée à bien puisqu'on n'avait personne d'autre sous la main. Ensuite, il resterait à son rang de notaire. Qu'il ne s'imagine pas devenir le familier de la maison.

*
**

Cette affaire, qui avait pris entièrement possession de l'esprit et du cœur de Naomi, l'occupa également pendant de longs mois par la multitude de détails matériels qu'il fallait régler. Le notaire venait presque chaque jour. Il était passionné par sa tâche et s'émerveillait de la générosité de Naomi qui ne refusait jamais le concours de sa bourse pour aplanir une difficulté ou rendre concret ce qui n'était encore qu'une idée de philanthrope.

Au reste, il n'y eut pas de grandes difficultés à l'intérieur du petit monde de Saint Hippolyte. Après de grandes réjouissances pour fêter leur nouvelle condition d'hommes libres, les noirs reprirent tranquillement le chemin des champs. Au fond presque rien n'était changé.

Mais tel n'était pas l'avis des autres propriétaires et le geste de Naomi, dès qu'il fut connu, souleva dans l'île un tollé général. On crut d'abord qu'il s'agissait d'un caprice de petite fille nouvellement émancipée et qu'on la ramènerait vite à la raison. Des vieux messieurs, qui avaient connu son père, se vantèrent, en frappant le sol de leurs cannes à pommeau que, nom d'une pipe ! Ils auraient vite fait de ramener dans le rang cette petite écervelée. Ils vinrent dans leurs élégants attelages faire des visites à Saint Hippolyte. Naomi les reçut selon toutes les règles de l'immuable et parfaite hospitalité créole. Les plus fins d'entre eux, devant ce visage passionné, n'osèrent parler de rendement à « l'arpent » ou à « l'heure de travail », et drapèrent leurs arguments avec des oripeaux de grandeur. Ils invoquèrent l'état encore puéril où était cette population noire et le danger qu'il y avait, pour elle, à l'émanciper trop vite. Naomi, avec un tout petit sourire dédié à leur supercherie, hochait la tête, déplorant cet état de choses inexistant à Saint Hippolyte où, depuis longtemps, on préparait les noirs à leur future liberté.

Bref, on ne la fit pas démordre. Mais aucun de ces hommes ne put jamais lui pardonner, les uns ce qu'ils considérèrent comme le début de leur ruine et les autres, ce sourire avec lequel elle les avait profondément humiliés. Naomi, dès lors, vécut dans un isolement total. Elle n'en souffrait pas d'abord, tout occupée qu'elle était de sa grande œuvre. La création d'ateliers de cordonniers, de tisserands et de menuisiers, où l'on formerait de jeunes noirs désireux de s'établir ensuite comme artisans indépendants, l'occupa aussi pendant de longs mois.

Mais enfin, un jour, Naomi se retrouva seule, elle n'avait pas encore vingt ans. Elle était trop fière pour aller mendier une amitié à la porte de ceux qui s'étaient détournés d'elle. Aussi, tout naturellement, Naomi se replia-t-elle sur elle-même et se retourna-t-elle vers son court passé, vers Antoine. Il devint le compagnon de sa vie solitaire. Pour lui, et sous l'impulsion autrefois donnée par lui, elle avait accompli l'émancipation de ses esclaves. Elle passait des journées entières sans adresser un mot à personne, mais poursuivant du matin au soir, un silencieux dialogue avec l'invisible Antoine qui désormais ne la quittait plus. Elle passait des nuits entières à imaginer le jour où elle irait attendre le beau navire blanc qui ramènerait d'Europe celui qu'elle aimait. Elle sentait sous ses pieds frémir les planches du barachois, s'agiter autour d'elle la foule en liesse du port et, au loin, majestueux, voyait s'avancer le navire empanaché de voiles blanches. Elle reprit l'habitude de monter à cheval et refit, solitaire, les longues promenades qu'autrefois Antoine lui avait apprises. Elle s'assit de longues heures à son piano, cherchant à retrouver les harmonies perdues et, toujours penché sur elle, il y avait la présence d'Antoine dont elle quêtait l'approbation.

Parfois, sur un appel plus fort, un choc venu de l'extérieur, Naomi redescendait sur terre et se frottait les yeux tout étonnée de ne pas trouver devant elle la silhouette familière de son ami d'enfance, tant il hantait son petit monde intérieur. Alors elle se sentait chaque fois plus étrangère, plus perdue. Cette femme qui avait montré une telle décision, une si parfaite lucidité, une volonté si ferme et si intelligente lorsqu'il s'était agi de donner la liberté à ses noirs, il semblait maintenant qu'elle s'éloignât tout doucement, qu'elle se retirât du monde, à reculons, ou bien que ses belles facultés ne s'altérassent à la fois comme sous l'effet d'une drogue ou d'une boisson. Et sans doute était-ce l'effet de cette solitude inhumaine où vivait cette jeune femme de vingt ans !

Ainsi, petit à petit, Naomi sombrait-elle dans un état qui devint insensiblement proche de la folie et sans que personne ne s'en alarmât pour elle, puisqu'aussi bien elle vivait en recluse au milieu de ses noirs.

L'auteur a pensé qu'ici, rien n'illustrerait mieux l'étrange état d'esprit de Naomi que la copie de quelques passages de son journal qu'elle tenait à cette époque, assez irrégulièrement il est vrai, sur ce cahier de maroquin bleu auquel il a déjà été fait allusion et qui, déniché par hasard dans un grenier de Saint-Denis, a été le point de départ de ce récit.

Voici donc quelques extraits écrits de la main de Naomi.

« ... Et pourquoi n'y verrai-je pas un océan moi, dans mon verre ? Et n'aurai-je pas envie

de m'y noyer ? Qui pourrait m'interdire de m'y perdre même ? On se perd bien quelques fois dans des yeux... Ou dans des larmes... »

« J'ai peur des chats. Leur regard vert, si cruel, s'attache à moi, sûr de lui, comme pour remettre éternellement en accusation un très

vieux crime que notre race aurait commis contre la leur. Un jour, je ne pourrai plus supporter ces regards, un jour j'avouerai mon crime et j'irai me constituer prisonnière. »

« C'est une curieuse infirmité que la mienne. Peut-être, de l'avouer ici, me délivrera de ma folie et serai-je ensuite plus calme. Car chaque visage qui m'apparaît, que ce soit celui de César qui me sert à table ou de Nénie en train de bercer ma fille, celui de ma fille même, celui du moindre noir qui passe à ma portée ou de Maître Boyreau, lorsque j'ai à faire à lui, je le vois non pas comme un visage d'un être vivant couvert de muscles mobiles et de peau colorée, de cheveux, de barbe enfin. Non, je le vois dépourvu de tout cela. Je n'aperçois que l'ossature nue et creusée du squelette, telle qu'elle sera après la mort. J'observe froidement que le nez d'un tel fait tel angle avec son front et que son occiput est très plat ou au contraire très proéminent vers l'arrière. Quand ils me regardent, moi je ne vois que des orbites vides et profondes et s'ils me sourient, ce sont d'affreuses cavernes noires qui s'entrouvrent comme pour me happer entre leurs maxillaires carrés... Ainsi, partout où je vais, ne rencontrais-je que des visages de mort effrayants et terribles... »

« ...Je sens autour de moi, comme noyées dans un brouillard épais qui m'empêche de distinguer leurs formes exactes, les figures des actes nécessaires dont ma fatigue élude chaque jour la réalisation. Et je redoute tellement de regarder leur visage...que je cache mes yeux dans mes bras repliés. Mais ils sont déjà formés en cercle autour de ma tête et de minute en minute le cercle se rétrécit par leur approche inexorable. Je sais qu'ils vont arriver tout près et déjà je sens leur pression mortelle autour de ma tête, comme la coiffe d'un chapeau étroit. Alors je saute sur mes pieds et, pour dénouer le cercle infernal, j'en saisis un par la main, la plus proche à droite, et je cours, l'entraînant avec moi ou tirée par lui à sa suite, pour le réaliser enfin. »

« ...Alors je m'apaise, »

« ...Dans la main, au lieu de ce démon, je n'ai plus qu'une petite robe de marionnette sans corps, vidée de ses maléfices, avec sa tête de carton colorié qui pend, inerte. Je savoure lentement ma délivrance. Et, me gonflant de la bonne conscience du devoir bien rempli, je vais serrer avec des soins de ménagère, la petite robe de marionnette vide, sur les rayons de l'armoire où d'autres s'entassent déjà en piles bien rangées, têtes de carton tournées sans regard vers le fond. »

« ...Je m'attarde à lisser de la main ses plis honnêtes, désormais inoffensifs, je prolonge de mon mieux le répit que m'a accordé l'accomplissement d'un acte...je me répète que j'ai bien gagné enfin le repos et j'essaye de retrouver mes rêves abandonnés... »

« ...Mais bientôt le cercle se reforme autour de moi dans le brouillard. Agiter les mains pour le dissiper est vain. Les visages de mes actes futurs resteront dans cette grisaille, je le sais. Je sais que je ne les connaîtrai qu'après, lorsque je tiendrai dans mes mains la petite marionnette inanimée... »

« ...Je sais qu'il me faudra encore agir. »

« ...Ah ! Je suis prisonnière de ces obligations impitoyables. »

Il y a aussi de nombreuses pages dans ce journal, couvertes d'une infinité de formes et de manières d'écrire un seul nom : ANTOINE.

Vers cette époque, Naomi fit un voyage à Cilaos pour prendre les eaux dont le jeune Docteur Mac Oliffe venait de découvrir les propriétés. Mais il ne sembla pas que l'état de la jeune femme en fut amélioré et il fallut se rendre à l'évidence : Naomi avait perdu la raison.

CHAPITRE XI

Le retour

Tassée au fond d'un vieux fauteuil de paille, sous la varangue, Nénie somnolait en poussant de petits soupirs entrecoupés de reniflements sonores, quand tout à coup, elle se dressa, en secouant sa tête enturbannée.

- Qui ça m'appelle à moi ?

- Nénie, chère vieille Nénie, tu ne me reconnais pas ?

Nénie écarquillait les yeux, mal réveillée, cherchant à identifier le visiteur tellement inattendu dans cette maison où maintenant ne venait plus jamais personne. Lui, voyait bien qu'elle ne parvenait pas à mettre un nom sur son visage. Avait-il tant changé ? Alors il se nomma :

- Nénie, je suis Monsieur Antoine, le fils de Missié Docteur.

- Seigneu' Jésus. Missié Antoine, vous voilà de 'etou' ap'ès si longtemps ! Comme vous avez changé ! Doux Jésus ! Vous allez peut-êt'e pouvoi' nous aider un peu. Nous sommes si malheu'eux maintenant, ajouta-t-elle en joignant les mains.

Et de grosses larmes coulaient sur les joues noires de la vieille femme.

- Où est Madame Naomi ? demanda Antoine.

- Ah ! Missié, si vous saviez, la pauv'e ma'ame ! Elle n'a plus...Elle... enfin elle n'est plus comme aut'efois.

- Je sais, Nénie, on m'a dit en ville qu'elle n'avait plus tout à fait sa raison.

- Oui Missié, oui c'est cela. Si vous saviez comme on a été malheu'eux ! C'est deux ans ap'ès la mo't du pauv'e Missié Casimi' que cela a commencé, ap'ès le voyage à Cilaos. Elle a eu de g'osses fièv'es. Elle est 'estée au lit pendant des semaines. C'est vot'e papa qui l'a soignée. Et puis, quand elle s'est 'elevée, on s'est ape'çu qu'elle n'était plus comme avant. Elle ne 'econnait plus aucun de nous, Missié, même moi qui l'ai élevée, même sa petite fille qu'on a du confier à sa g'and-mè'e, au Gol. Moi je suis t'op vieille maintenant pou' ga'der une enfant et j'avais t'op à faire avec ma'ame Naomi. Alo's c'est à ce moment qu'elle s'est mise à che'cher. D'abo'd elle che'chait pa'tout et nous, on essayait de l'aider. Mais elle ne voulait pas nous di'e ce qu'elle che'chait. On au'ait dit qu'elle avait pas confiance en nous et qu'elle c'aignait, si on t'ouvait avant elle, qu'on ne lui appo'te pas ce qu'elle avait pe'du. Et puis, quand on a vu qu'elle che'chait plus que dans les mi'oi's, alors Missié, c'est là qu'on a comp'is que...qu'elle était devenue folle la pauv'e ché'ie.

- Dans les miroirs Nénie, mais comment ? Que cherchait-elle dans les miroirs ?

- Ben Missié, elle 'estait debout pendant des heu'es devant un des mi'oi' de la maison. Elle chantait en 'ega'dant dans le mi'oi'… et on au'ait dit que ce n'était pas son image qu'elle 'ega'dait comme ça, c'était quelque chose qu'elle ape'cevait plus loin que son 'eflet, un peu au-dessus d'elle, dans la p'onfondeu' du mi'oi'. Et nous, on voyait 'ien du tout dans les glaces, 'ien d'aut'e qu'elle-même. Mais elle, sans doute qu'elle distinguait là-dedans ce qu'elle che'chait tant, ca' elle a commencé à s'user les ongles en g'attant les mû's de''iè'e tous les mi'oi's de la maison. Elle a mis ses mains en sang, plusieu's fois. Alo's Césa' et moi on a décidé d'enlever tous ces mi'oi's et on a fait comme on avait dit. Ils sont tous au g'enier, fe'més à clé dans une petite pièce. Césa', lui, il ga'de la clé dans sa poche. Mais not'e maison, maintenant, sans ces glaces, elle est t'iste comme une maison où il y a un mo't !

- Et après cela, Madame Naomi a-t-elle retrouvé ce qu'elle avait perdu ?

- Non Missié. Elle ne s'est pas fâchée quand elle a plus t'ouvé de mi'oi's. Elle est 'estée plusieurs jou's sans di'e un seul mot, assise sous la va'angue. Nous, ça nous fendait le coeu' de la voi' comme ça, si t'iste. On a failli 'emett'e tous les mi'oi's à leu' place pou' l'entend'e chanter de nouveau. Et puis c'est une nouvelle idée qui l'a p'ise. Elle s'est 'emise à monter à cheval, p'esque toutes les matinées. J'ai c'u d'abo'd qu'elle était gué'ie et je 'eme'ciais le bon Dieu. Et puis on a app'is pa' les esclaves qui t'availlent aux champs qu'elle che'chait toujou's ce qu'elle avait pe'du. Mais maintenant, c'est dans les fontaines et dans tous les bassins d'eau qu'elle che'che. Dès qu'elle a''ive p'ès d'une sou'ce, elle met pied à te''e, elle attache son cheval et puis elle se penche su' l'eau en chantant et en 'ega'dant au fond. Pa'fois elle 'este une matinée entiè'e devant la même sou'ce et le cheval, pendant ce temps, éc'ase toutes les plantes là autou'. D'aut'es fois, elle va de l'une à l'autre aussi vite qu'elle peut. Souvent, elle 'ent'e à la maison t'empée, ca' elle a dû essayer d'att'apper au fond de l'eau la chose qu'elle che'che et qu'elle a c'u y ape'cevoi'. J'ai toujours peu' qu'elle att'appe du mal, mais elle n'est jamais malade. Alo's on la laisse fai'e toute seule. Ce n'est pas moi qui pou''ait la suiv'e, dites Missié, ni Césa' qui est aussi vieux que moi. Maintenant que José est mo't, y a plus pe'sonne pou' la suiv'e... Elle va toute seule su' les chemins...

- Mais n'est-ce pas dangereux, Nénie ? Jusqu'où va-t-elle ainsi ? Elle pourrait rencontrer de mauvaises gens qui lui feraient du mal si elle quittait la propriété.

- Ah ! Missié, pou' su' qu'elle la quitte la plantation. On l'a vue 'ôder jusqu'aux faubou'gs de Saint-Denis et un jou', on nous a 'appo'té que not'e jeune dame se mi'ait dans la 'avine aux serpents. La 'avine aux serpents, Missié, c'est dans le qua'tier du volcan çà ! Vous voyez un peu si elle s'en va loin de nous !

- Mais Nénie, il y a du danger à la laisser ainsi.

- Oui Missié, mais elle 'ent'e toujours. Un peu en 'eta'd quelques fois mais elle ent'e toujou's.

- Très bien Nénie, je vais l'attendre. Va dire à César qu'il ajoute un couvert, je déjeunerai ici.

- Oui Missié. Me'ci Missié, fit la vieille négresse en essuyant ses larmes.

Et elle s'en fut vers l'office toute heureuse, après si longtemps, d'avoir trouvé quelqu'un qui lui parle en maître.

*
**

Antoine, sous la varangue, pendant ce temps réfléchissait. Pauvre chère Naomi ! Il semblait bien, en effet, qu'elle eut perdu la raison. Et que pouvait-elle bien chercher et avec tant d'obstination ? Là sans doute était le nœud de son mal : Il fallait découvrir quel était l'objet perdu et le lui rendre ou lui rendre un objet identique pour la guérir. Antoine décida aussitôt d'employer toutes ses forces, toute sa science de médecin et tout son amour à la guérison de Naomi. Peut-être même, si elle reconnaissait en lui une figure familière de son enfance, un coin se lèverait-il du voile qui obscurcissait son esprit. Il n'osait trop l'espérer. Il savait qu'il avait beaucoup changé. Personne à Saint-Denis n'avait reconnu le jeune Dubos dans cet homme aux tempes déjà grisonnantes, au regard dur, au visage barré d'une moustache noire. Non, personne n'avait soupçonné que cet homme sûr de lui, hautain, presque arrogant, cachait sous des dehors si durs l'âme sensible, les timidités et les craintes du fils du Docteur qu'ils avaient autrefois connu et vaguement méprisé. Alors comment espérer que Naomi, qui ne jouissait pas de toutes ses facultés, reconnaitrait son ancien compagnon de jeux ? Néanmoins,

157

Antoine l'attendrait. Le reste de sa vie, s'il le fallait, c'est à elle qu'il le consacrerait et il la guérirait, il était sûr d'y parvenir. Tant d'amour et toute une vie devaient nécessairement accomplir le miracle.

Il retint son souffle car il venait de percevoir une voix qui chantait. Aucun autre son. Le chant immatériel s'approchait, suspendu dans l'air calme, sans qu'aucun bruit de pas n'annonçât l'approche d'une personne humaine. C'était une vieille chanson créole que les zézères ont coutume de chanter le jour de leurs noces. Des larmes lui montèrent aux yeux brusquement quand il se rappela qu'il en avait enseigné l'air et les paroles autrefois à Naomi, à l'époque de leurs jeux insouciants. Elle avait curieusement transformé certaines notes qu'elle chantait plus basses de quelques tons d'une voix étrangement lasse et cassée. Car c'était bien elle qui s'avançait dans l'allée, au pas négligent de son cheval dont les sabots s'enfonçaient, sans faire aucun bruit sur une épaisse couche de feuilles, mortes depuis longtemps, que les saisons accumulaient sans que nul jardinier ne vint jamais les balayer. Antoine se leva de la marche où il était assis. Son cœur, en lui, battait comme une grenade prête à éclater. Tout son sang s'était retiré de ses mains et de son visage pour affluer à ce cœur sur-tendu : Il voyait s'avancer vers lui le seul être au monde qu'il ait aimé, la femme de tous ses rêves, la femme qu'il chérissait plus que sa propre vie. Elle venait vers lui enfin, après tant d'années, mais privée de raison.

Naomi s'arrêta de chanter, descendit de cheval et attacha sa monture à un anneau scellé dans le mur (où était le groom à qui l'on jetait autrefois les rênes ?). Elle monta l'escalier lentement, tête baissée, ses mains cherchant à dénouer les brides de sa capote. Antoine s'approcha d'elle et s'inclina :

- Bonjour Naomi. Je vous attendais.

- Bonjour… Monsieur, dit-elle sans montrer le moins du monde qu'elle le reconnût et sans marquer non plus le moindre étonnement devant sa présence.

Comme elle n'ajoutait rien et pénétrait dans la maison, il prit le parti de la suivre au salon sans qu'elle n'y trouvât non plus rien à redire. Il remarquait, le cœur serré, son costume défraîchi, ses cheveux mal noués dont une mèche lui barrait le front. Il avait envie de passer sa main sur son visage, de ramener la mèche rebelle dans le chignon lâche, de prendre ce visage dans ses deux mains et de plonger dans ces yeux dorés, plonger jusqu'à la source, jusqu'au mal qui la rongeait.

Lorsqu'ils passèrent à table, il crut voir enfin dans ses yeux une lueur d'étonnement peut être motivée par son insolite présence. Il expliqua, alors posément :

- Voyez-vous, Naomi, j'ai bien connu votre père autrefois et j'avais de l'amitié pour lui. Puis j'ai longtemps voyagé en Europe, en Inde et je reviens seulement maintenant dans ce pays. J'apprends tous vos deuils, que vous êtes seule, malheureuse peut-être, alors, par amitié pour votre père, j'ai décidé de passer une grande partie de mon temps auprès de vous. Je veux vous aider à chercher ce que vous avez perdu…

(elle tressaillit en face de lui) … pour vous le rendre et je ne vous abandonnerai que lorsque vous aurez retrouvé la paix.

Après cette tirade, ils mangeaient en silence, Naomi l'observant sans rien dire et lui, conscient de cet examen, attentif à ne rien faire qui puisse l'effaroucher, mesurant ses gestes, tâchant de ne pas l'observer ouvertement.

Sans doute l'examen fut-il favorable car au dessert, en pelant une mangue, Naomi resta tout à coup immobile, son couteau d'argent braqué vers lui et murmura :

- Ecoutez, Monsieur. Puisque vous voulez bien m'aider, je vais vous dire la vérité. Je ne veux pas le dire aux domestiques car, vous savez, tous ces nègres sont tellement voleurs… Je suis persuadée que s'ils font mine de m'aider dans mes recherches, c'est parce qu'ils croient que j'ai perdu un objet de valeur qu'ils espèrent trouver avant moi et s'approprier sans que je m'en aperçoive. En réalité (elle baissa la voix et se pencha vers lui) ce n'est pas un objet que je cherche : C'est un jeune homme que j'ai perdu depuis de longues années…

Antoine, immobile, retenait son souffle. Elle continua :

- Oui, très sottement, un jour, je l'ai laissé partir et depuis, il se cache. Oh ! Je sais qu'il n'est pas loin de moi. Je sais aussi qu'il ne se cache pas dans un endroit précis, déterminé. Non. Il me suit pas à pas. Il est toujours derrière moi, mais chaque fois que je tourne la tête, averti par le mouvement de mon corps, il disparait avant que je puisse l'apercevoir. Le seul moyen pour moi de le voir, est donc de l'amener tout doucement, sans tourner la tête, devant un miroir. Alors je l'entrevois derrière mon image, un peu penché sur mon épaule, il me sourit...

A ce moment, Naomi releva la tête et son regard rencontra celui de son vis-à-vis. Elle sembla se troubler un instant mais reprit presque aussitôt :

- Mais je vous disais bien que c'étaient tous des voleurs. Ils ont emporté tous les miroirs de la maison, tous. Je n'ai même plus de glace où me coiffer. Seulement, (et sur son visage passa un sourire d'une malice et d'une jeunesse extraordinaire) ils ne peuvent m'enlever le miroir des fontaines et des lacs. Oui, c'est là que j'ai retrouvé son reflet, toujours fidèlement penché sur mon épaule. Malheureusement il se refuse encore à devenir autre chose qu'un reflet. Je ne sais comment le saisir et le conserver. Quand je tends les bras pour le prendre au fond de l'eau, nos images se brouillent et je ne distingue même plus où il est. Et quand je me retourne, il a déjà disparu.

Puis changeant de ton :

- Naturellement, Monsieur, vous ne devez parler à personne de ce que je vous ai confié là. A personne non plus vous ne devez dire son nom.

Et elle ajouta rêveusement :

- Voyez-vous, il s'appelle ANTOINE.

Et aussitôt, comme César entrait dans la salle à manger avec un plateau chargé de confitures, elle mit un doigt sur ses lèvres pour lui demander le silence et se replongea dans la difficile opération qu'était la découpe de sa mangue.

Antoine était dans l'état d'esprit d'un homme qui a vu le soleil exploser sur sa tête lorsqu'ils passèrent au salon. Pourtant, il sentait qu'il fallait profiter des bonnes dispositions de la jeune femme à son égard et, dès qu'ils furent seuls à nouveau, il s'approcha d'elle :

- Je suis très touché, Naomi, de la confiance que vous m'avez faite en me livrant votre secret. Mais surtout, je suis sûr que je vais pouvoir vous aider. Voyons, Naomi, réfléchissons. Si ce jeune Antoine se cache comme vous le pensez, derrière vous, s'il se refuse à se laisser saisir par vous, c'est sans doute qu'il a quelque sujet de vous craindre ou de se méfier de vous. Mais de moi qu'il ne connait pas, comment se méfierait-il ? Il faut donc que vous me fassiez très fidèlement son portrait afin que je le reconnaisse si je le trouve et que je vous l'amène.

- Oh ! Vous avez raison, Monsieur. Comment n'y avais-je pas pensé, s'écria Naomi. Mais je n'ai de lui aucun portrait, ajoute-t-elle aussitôt. Il faudra donc que vous essayez de le voir par mes yeux et d'après la description que je vous en ferai.

- Ce sera très facile, vous verrez, fit Antoine. Voyons, regardez-moi bien… Est-ce qu'il me ressemble ?

- Oh ! Pas du tout, non vraiment pas le moins du monde, fit Naomi en observant très sérieusement son interlocuteur.

Le cœur d'Antoine vola en éclats et il dut subir le portrait de cet introuvable lui-même, présenté comme un négatif cruel.

- Voyez-vous, continuait Naomi, Antoine, lui, est jeune, ses cheveux sont absolument noirs et il les porte assez longs. Il n'a jamais eu de moustache ni de favoris comme vous en portez et ses yeux… Ses yeux sont la douceur même, ses yeux sont en velours, ils ne sont pas durs comme les vôtres. Il est aussi plus grand et plus mince que vous, sa taille est la mieux prise du monde, ses bras sont forts mais doux, ses mains sont blanches et n'ont pas toutes ces petites taches brunes qui ponctuent les vôtres…

- Je vois, disait Antoine gravement en hochant la tête devant ce portrait de ce qu'il avait été.

« Comme elle m'a déjà bien observé, pensait-il, *et comme j'ai dû vieillir en si peu d'années. »*

- Et puis, continuait impitoyablement Naomi, il n'est pas habillé comme vous l'êtes. Il porte toujours des culottes de cheval, des bottes souples et non ces ridicules pantalons à sous-pied dont c'est la mode maintenant.

Quelques minutes plus tard, Antoine prenait congé tout en promettant à la jeune femme qu'il reviendrait le lendemain de bonne heure et entreprendrait aussitôt, avec elle, les recherches projetées.

*⁎
⁎⁎*

Ainsi recommencèrent, après tant d'années, leurs chevauchées par les chemins de l'île. Mais c'était elle maintenant qui menait le jeu. Elle connaissait tous les points d'eau du canton, même les plus secrets, et y menait son compagnon avec une science infaillible. Dès qu'elle était arrivée, Naomi descendait de cheval et se penchait avidement sur l'eau pour interroger sa profondeur. Antoine attachait les chevaux et s'approchait doucement d'elle, cherchant à amener son image à se refléter dans l'eau à la place de l'imaginaire reflet de l'autre Antoine. Il espérait qu'un jour le rapprochement se ferait dans son esprit et qu'elle en viendrait à reconnaitre son ancien compagnon dans son actuel chevalier servant. Mais elle ne prêtait aucune attention à lui. Elle se penchait sur la margelle, chantant de sa voix grave, toujours cette même chanson qu'elle chantait le premier jour où il l'avait revue, indifférente à toute autre chose que sa contemplation éperdue de l'eau, jusqu'à ce qu'une feuille, en tombant dans le bassin ou bien quelque poisson en sautant, n'en vint troubler la surface et effacer ses visions. Alors elle ramassait ses jupes, faisait à son compagnon une petite moue découragée et se hissait en selle.

Il y avait plusieurs semaines que cela durait et Antoine commençait à désespérer de jamais mener à bien la tâche qu'il s'était donné. Il avait rasé sa moustache et ses favoris, portait maintenant ses cheveux plus longs, il ne quittait plus ses bottes et ses culottes de cheval, mais en vain. Jamais elle n'avait pour le nouvel Antoine le moindre éclair d'intérêt. Seule la préoccupait cette quête épuisante d'un reflet imaginaire qui la jetait sans répit sur les routes.

Antoine déjeunait chaque jour avec elle et l'accompagnait dans ses randonnées. Lorsqu'il arrivait qu'ils rencontrassent quelque ancienne connaissance qui examinait avec curiosité cette Naomi négligée, au regard perdu, ne répondant plus à aucun salut, les yeux d'Antoine se mettaient littéralement à lancer des éclairs. Il dévisageait le promeneur et son regard devenait si dur, si cruel, que l'autre passait son chemin en rengainant timidement sa curiosité.

- On va encore jaser, mon enfant, avait dit un jour le vieux médecin à son fils.

Mais Antoine était entré dans une violente colère

- Eh ! Père, que l'on jase donc ! Tous les ragots du monde ne peuvent plus l'atteindre ni lui faire aucun mal. Qu'ils jasent, afin que je puisse leur cracher au visage mon mépris à tous ces bons apôtres, tous ces soi-disant amis qui l'ont laissée seule, sans aucun secours, livrée à sa folie. Et s'il est quelqu'un d'assez lâche pour s'attaquer à sa réputation, je jure que je le provoquerai et le tuerai en duel le jour même.

Cependant ils vivaient tout près l'un de l'autre, emmurés chacun dans sa prison, elle, igNaomint qu'elle possédait enfin celui qu'elle avait tant cherché et lui, n'ayant d'elle qu'une forme extérieure incapable de tendresse, possédée par un fantôme.

Un jour pourtant, une lueur commença de se faire jour et peut-être aurait-elle réussi à déchirer tout le voile si…

C'était par une après-midi de pluie et de vent. Après le déjeuner, Naomi s'était retirée dans sa chambre pour la sieste et Antoine, que le mauvais temps retenait malgré lui dans la maison, entra, désœuvré, dans le grand salon et s'assit au piano. Que de temps passé depuis les leçons de Naomi ! Pourtant il n'eut qu'à poser les doigts sur les touches pour que tout lui fût rendu aussitôt, le jeu des mains et ses finesses avec le souvenir efficace des notes. Il se prit à son jeu et tout le répertoire ancien, morceau après morceau, résonna bientôt dans toute la maison. Cette harmonie inhabituelle finit par réveiller Naomi qui se dressa sur son lit en proie à une agitation fébrile. Un mal à la tête épouvantable la tenait aux tempes. Sans savoir même ce qu'elle faisait, elle passa un peignoir et descendit au rez-de-chaussée. En hésitant, elle sortit sous la varangue et parvint, en contournant la maison, sous les fenêtres du grand salon. Alors elle gémit en s'appuyant des épaules contre la paroi de bois peint. Cette musique… Les Jeudis d'autrefois… Les Philibert… Antoine… Elle se mit à pleurer.

A ce moment, un rayon perçait les nuages et Antoine, refermant brusquement le couvercle d'ébène, sortit prestement de la maison sans apercevoir la jeune femme prostrée à l'angle de la varangue. Il sauta en selle et s'en fût.

Lorsqu'il revint le lendemain matin pour l'accompagner dans sa promenade, on lui dit qu'elle était partie sans l'attendre. Nénie semblait inquiète. Elle s'attachait à ses pas et reniflait sans arrêt hochant la tête.

- Ah ! Missié Antoine, j'ai peu' qu'il ne soit a''ivé quelque malheu', j'ai peu', j'ai peu'.

- Mais enfin Nénie, pourquoi ? Pourquoi aujourd'hui ?

- Ah ! Je ne sais pas, Missié Antoine, mais voyez-vous, elle était si biza''e hier pendant toute la soi'rée. Je l'ai t'ouvé sous la va'angue p'esque évanouie, toute mouillée de pluie, à peine vêtue. Elle répétait tout le temps quelque chose que je ne comp'enais pas. Elle pleu'ait, elle pleu'ait et puis elle se mettait à 'i'e. Elle n'a pas voulu dîner. Elle est montée dans sa chamb'e en empo'tant avec elle ce g'os cahier bleu qu'elle ga'de toujou's, fe'mé à clé, dans le sec'étaire de la bibliothèque. Je l'ai entendu ma'cher toute la nuit. Malheu'eusement, au matin, quand je me suis 'éveillée, bien en reta'd, après cette nuit p'esque blanche, y avait plus pe'sonne dans sa chamb'e. Elle a sellé son cheval elle-même et elle est pa'tie. Oh ! Comme j'ai peu' pou' elle aujou'd'hui !

Il n'y avait plus qu'à attendre son retour.

*
**

Au lieu de Naomi, ce fut le cheval, une heure après, qui revint seul, les rênes flottantes, la tête haute, hennissant étrangement. Sur son dos, dressant vers le ciel ses cornes dérisoires, la selle d'amazone...vide.

Alors Antoine bondit en selle, se rua sur les traces encore fraîches de la bête démontée. Mais au bas de l'avenue, il rencontra le cortège tragique. Sur une civière de branchages, on ramenait Naomi, le front ensanglanté, inanimée. Il fallut encore piétiner derrière le sempiternel trottinement des noirs affairés, empressés et soudain silencieux.

Mais enfin elle fut étendue sur son lit, enfin il put sonder, laver la plaie profonde et la bander. L'angoisse mortelle qui le tenait rendait encore ses gestes plus précis, plus brefs. Sa tête faisait mal à hurler mais ses mains étaient douces, légères en étanchant le sang avec la charpie que préparait Nénie en larmes. Dans un coin de la chambre, incapable de rien faire, César était prostré, accroupi et tremblait de tous ses membres.

Antoine avait convoqué le commandeur à qui il intima l'ordre de partir aussitôt à Saint-Denis prendre chez le Docteur une liste de médicaments indispensables. Pourtant, avant qu'il ne revînt, vers le soir, Naomi ouvrit les yeux. Depuis des heures, Antoine, penché sur elle, épiait le moindre signe de vie. Et elle ouvrit les yeux, le vit près d'elle et ses lèvres, faiblement, ébauchèrent un pauvre sourire.

- Antoine !

C'était la première fois depuis son retour qu'elle lui donnait son nom. Elle l'avait reconnu. Il tomba à genoux auprès du lit, se retenant de hurler : Il n'y avait aucun doute, c'était à lui qu'elle avait parlé et non à son fantôme ; ses yeux l'avaient reconnu avant qu'elle ne prononce pour lui son nom.

« Naomi, mon amour, enfin tu l'as retrouvé, celui que tu as tant cherché, enfin nous sommes réunis après tant de peines et tu es là, immobile, gisante, si pâle, tu as perdu tant de sang par la blessure de ta tête, à nouveau te voilà sans connaissance, épuisée par l'effort que tu as fait pour te tourner vers moi et me sourire. Reviens, mon amour, reviens vers moi, ne me quitte pas au moment où je t'ai retrouvée ! »

Mais Naomi était à nouveau inerte et sans connaissance. Lorsque revint le commandeur avec les drogues demandées, Antoine parvint à la ranimer encore. Mais ses forces baissaient. Lorsqu'elle ouvrit les yeux et vit à nouveau le visage d'Antoine au-dessus d'elle, le jeune homme comprit, avec désespoir, qu'elle devait faire un effort immense pour amener à ses lèvres un nouveau sourire. Pourtant elle avait encore un acte à accomplir. Elle étendit le bras avec précaution et posa, en tâtonnant un peu, sa main étroite sur un gros cahier de maroquin bleu placé sur une table de chevet. Ce geste lui avait coûté presque tout ce qu'elle avait de forces et elle ferma les yeux, plus pâle encore sous son bandage que rougissait déjà le sang. Sa tête battait, sonnait, tanguait, sous les coups ininterrompus de la fièvre. Au bout de plusieurs minutes enfin, elle rouvrit les yeux et Antoine, penché sur elle, l'entendit chuchoter avec peine :

- Ce cahier…est à vous, Antoine. Vous le garderez…en souvenir…de moi.

Après un long silence, elle ajouta :

- Et puis, Antoine…vous prendrez soin…de ma fille…

Ainsi elle allait mourir. Elle n'avait plus de force pour lutter et lui était impuissant à la sauver. Il avait fait tout ce que la science lui avait appris, mais la blessure était trop profonde et Naomi avait perdu trop de sang. Ah ! S'il pouvait lui donner du sien qu'il sentait battre et s'affoler dans ses artères. Mais rien. On ne pouvait humainement rien faire de plus que ce qu'il avait déjà tenté. C'était à devenir fou, enragé. Elle était là, gisante, avec sur son bandage cette tache de sang qui s'élargissait de minute en minute. La vie s'écoulait doucement par cette blessure béante, cette vie si chère, si précieuse et lui était là, plein de santé, incapable de rien faire pour la sauver.

*
**

Un roulement de voiture dans l'avenue, un trot allongé… C'est le Docteur Dubos, ce sont Isabelle H. et son mari avec Naomi Philibert…Voilà les premiers arrivants.

« *Allons, il faut partir. Le rôle d'Antoine est terminé. Naomi n'a plus besoin de médecine, ni d'amour. Déjà les amis, bientôt la famille de Casimir sera là, prévenue de l'accident. Il faut faire place à leur zèle funèbre, s'écarter une fois de plus, une fois de plus abandonner Naomi ».*

Pendant que les négresses de la plantation font en gémissant sa toilette, Antoine, dans un cabinet proche, ouvre le cahier de maroquin bleu. Le signet de soie jaune passée marque une page qui s'ouvre d'elle-même. Elle porte la date de la veille :

11 janvier 1840

Pourquoi n'as-tu rien dit, Antoine, pendant tant de jours ?

Ah ! Pourquoi me laissais-tu poursuivre ma quête lamentable quand tu savais que c'était toi que je cherchais ? Mais peut-être n'ai-je pas voulu t'écouter, peut-être est-ce moi qui n'ai rien compris…Jusqu'à ce soir, jusqu'à ce que j'entende le piano du grand salon toute cette musique d'autrefois et que je comprenne enfin que c'était toi, cet étranger attentif et bon…

Que j'ai mal à la tête, Antoine ! Je ne puis dormir. Mes tempes battent et sonnent comme des cloches Mais je suis heureuse, je sais que j'ai enfin atteint le port où tu m'attends. Demain, demain tu seras là. Ah ! Que cette nuit finisse enfin, que je puisse te voir avec mes yeux tout neufs, avec mes yeux enfin débarrassés de leurs phantasmes. Demain...Mais comment vais-je te dire...Comment t'avouer... Ah ! J'irai d'abord seule, dès l'aube, me pencher sur toutes les sources, sur toutes les rivières et les lacs où je t'ai tellement cherché. Et si tu te dérobes encore une fois à mes recherches, alors je serai sûre, alors je saurai que tu ne te caches pas au fond des eaux mais que tu es là, vivant, près de moi...enfin retrouvé et je rentrerai au grand galop dans le soleil. Tu m'attendras sous la varangue...et je crierai Antoine, Antoine ! Et je ne serai plus jamais seule.

Alors Antoine se lève, il prend dans ses deux mains, comme il n'a jamais osé le faire, le visage de Naomi et pose un baiser sur ses lèvres glacées. Et pendant que là-haut, dans la chambre obscure, dressés autour du lit, les grands cierges funèbres commencent de pleurer une à une leurs brûlantes larmes de cire, Antoine s'éloigne, discrètement, serrant contre lui le futur compagnon de sa vie solitaire : Le cahier de maroquin bleu au fermoir d'argent ouvragé.

FIN

www.ingramcontent.com/pod-product-compliance
Lightning Source LLC
Chambersburg PA
CBHW071248130626
46556CB00003B/1220